W0214953

~ FAIT MAISON ~
D'AILLEURS
RECETTES TESTÉES À LA MAISON

THAÏLANDE

~ FAIT MAISON ~
D'AILLEURS
RECETTES TESTÉES À LA MAISON

THAÏLANDE

THOMAS FELLER

Photographies : Aline Princet
Stylisme : Isabelle Brouant

hachette
CUISINE

SOMMAIRE

TECHNIQUES

ENTRÉES, SOUPES & SALADES

CURRYS & PLATS

RIZ, PÂTES & ACCOMPAGNEMENTS

DESSERTS

INTRODUCTION

La cuisine thaïlandaise est probablement la meilleure cuisine de l'Asie du Sud-Est et se place sur le podium des meilleures cuisines du monde aux côtés de l'italienne, la française et la japonaise. Comme ces dernières, elle est variée, riche en goûts et en saveurs, complexe, fine, délicate et trouve toujours l'équilibre idéal entre le sucré, le salé, l'acide, le piquant et l'amer.

La cuisine thaïlandaise peut être divisée en deux groupes. D'un côté, la cuisine de rue, ou quotidienne, réputée pour sa très grande richesse et de l'autre, la gastronomie issue du royaume de Siam, une cuisine d'une extrême finesse et d'une belle variété que l'on pratiquait dans les palais.

La curiosité culinaire des Thaïlandais leur a aussi permis de s'approprier des produits que les cultures étrangères leur ont fait découvrir, comme le piment qu'apportèrent les Portugais au XVIe siècle ou les nouilles que possédaient les commerçants chinois dans leurs bagages.

La cuisine thaïlandaise n'a pas encore toute sa place dans le paysage gastronomique français, probablement du fait de l'importance des cuisines vietnamienne et chinoise qui dominent le marché des restaurants asiatiques.

Mais progressivement, elle perce discrètement, envoûtant les chefs et les gastronomes, invitant les voyageurs au long cours qui ont gouté à ses merveilles à déguster dès leur retour cette cuisine et enivrer les novices de ses parfums délicats.

La cuisine thaïlandaise est souvent très pimentée et les préparations de base que l'on trouve dans les supermarchés, comme les pâtes de curry, sont souvent trop relevées pour nos palais occidentaux. Je vous propose ainsi dans ce livre d'adapter cette cuisine à votre goût et sensibilité en réalisant vous même ces préparations.

Ainsi, vous comprendrez que la cuisine thaïlandaise n'est pas qu'une cuisine épicée ; c'est avant tout une cuisine parfumée.

CE QU'IL VOUS FAUT COMME MATÉRIEL

La cuisine thaïlandaise ne nécessite aucun instrument particulier. Vous aurez néanmoins besoin de paniers de cuisson vapeur et d'un grand wok.

Le wok, avec sa forme évasée distribuant de la chaleur sur toute sa surface, permet de cuire très rapidement tous les ingrédients. Cela est particulièrement vrai pour les plats à base de nouilles comme le pad thaï. Si vous le préparez dans une poêle, vous risquez de surcuire les nouilles qui vont toutes s'agglomérer entre elles. C'est à peu près le même problème pour tous les plats sautés. L'idée est de faire revenir toutes sortes d'ingrédients et de les cuire très rapidement afin de garder le croquant des légumes, le moelleux du plat principal – viande, poisson ou crustacés – et surtout de ne pas dénaturer les couleurs.

Les woks, comme les paniers vapeurs se trouvent désormais facilement dans les supermarchés et plus particulièrement dans ceux spécialisés dans les produits asiatiques.

À des prix modestes, on trouve des woks en métal clair qu'il vous faudra culotter. Pour cela, rincez et nettoyez votre wok puis, disposez-le sur le feu durant 5 à 7 minutes. De la fumée va s'en dégager et cela est tout à fait normal. Versez alors de l'huile dans le fond puis coupez le feu. Faites tourner votre wok afin de répartir l'huile sur toute sa surface et laissez-le refroidir 15 minutes. Allumez à nouveau le feu et laissez la flamme à feu doux durant 10 à 12 minutes en tournant souvent votre wok pour que l'huile imprègne bien toute la paroi interne. Éteignez le feu, laissez refroidir, retirez l'huile et essuyez l'intérieur du wok avec du papier absorbant. Votre wok est prêt à l'emploi. Après avoir utilisé votre wok, rincez-le simplement et faites-y toujours chauffer de l'huile avant de l'utiliser.

Je vous déconseille les woks antiadhésifs car ils sont bien plus onéreux et aussi bien plus long à chauffer.

Dernier point, si vous ne souhaitez pas acheter un wok, utilisez votre poêle, mais faites-la fortement chauffer avant de l'utiliser et surtout, faites cuire de petites quantités afin de conserver le croquant, la couleur et le moelleux de vos préparations.

LES INGRÉDIENTS ESSENTIELS

Cuisiner thaï n'est pas compliqué et l'on trouve maintenant tous les produits essentiels chez les bons maraîchers et dans les épiceries asiatiques.

PETITE ASTUCE

La plupart des produits frais essentiels se congèlent à merveille (à part les herbes), alors, achetez de grosses quantités, cuisinez d'importantes portions de préparation de base et faites des réserves dans votre congélateur !

Le combava : c'est un petit citron vert sauvage originaire d'Inde. On utilise son zeste, le jus étant quasi inexistant. On peut le remplacer par du citron vert mais la puissance du zeste n'est pas la même...

La feuille de combava : on l'appelle aussi feuille de citronnier, feuille de kéfir ou feuille de bergamote. Elle est irremplaçable, on la trouve dans les épiceries indiennes et elle se congèle parfaitement.

Le galanga : rhizome de la même famille que le gingembre mais moins piquant et plus camphré. On l'utilise dans toutes les recettes de pâte de curry. Il se congèle très bien, il n'est pas nécessaire de l'éplucher et à défaut, vous pouvez utiliser du gingembre.

Le gingembre jeune : on utilise en Thaïlande du gingembre jeune à la peau très fine et beige qui donne un aspect presque translucide. C'est un gingembre très juteux qui apporte une grande fraîcheur dans les préparations.

L'échalote : autre ingrédient de base, les thaïlandais utilisent des échalotes rouges plus piquantes que parfumées. Celles que vous avez l'habitude d'acheter iront très bien.

L'ail : il est en tout point similaire au nôtre.

La tige de citronnelle : on utilise le cœur et, à défaut de citronnelle fraîche, vous en trouverez séchée dans les magasins bio ou dans les rayons tisanes. Le bout des tiges ne doit pas être trop sec et la base doit être claire et brillante.

Le basilic thaï : c'est ce que nous appelons le basilic citron. Il a un parfum et un goût merveilleux. Il n'y a pas de remplaçant possible, il se congèle très mal et ne se garde pas plus de 2 ou 3 jours au réfrigérateur. Donc, il faut en trouver du frais ; à défaut, substituez-le par un mélange de coriandre et de menthe fraîches. Il ne faut pas le cuire. On l'ajoute au dernier moment !

La coriandre : on utilise énormément de coriandre dans la cuisine thaïlandaise. Les tiges et les feuilles pour assaisonner ou décorer et les racines pour faire les pâtes de curry. Très souvent, vous trouverez la coriandre avec ses racines dans les épiceries asiatiques. Si jamais vous n'en trouvez pas, vous pouvez substituer les racines par des graines de coriandre.

Le sucre de palme : c'est un sucre dur qui vient du palmier. Il est parfumé, d'une belle couleur ambrée. On le trouve le plus souvent en petits pains. À défaut, utilisez de la cassonade.

La pâte de crevettes : outre son odeur très forte, elle apporte un goût particulier et très intéressant dans certaines pâtes de curry. Pas de remplaçant possible…

La sauce nuoc-mâm ou « fish sauce » : autre ingrédient très odorant, c'est une sauce faite à partir d'anchois entiers écrasés et marinés dans du sucre, de l'eau et d'autres épices. On trouve aussi certaines marques qui la préparent avec des poulpes ou des calamars. La sauce nuoc-mâm sert à apporter du goût mais aussi du sel dans les préparations.

La sauce soja : un des ingrédients de base du pad thaï, la sauce soja, claire ou normale, est la même que la sauce soja chinoise ou japonaise.

La pâte de tamarin : le tamarin est un fruit à coque ressemblant un peu à l'arachide. La pâte qui se trouve à l'intérieur est à la fois très acide et sucrée. Vous en trouverez probablement en pâtons vendus sous cellophane ou en conserve. C'est un des ingrédients clé de la sauce pad thaï. Pour information, on utilise beaucoup la pâte de tamarin dans la cuisine antillaise, la cuisine indienne et la cuisine d'Afrique de l'Ouest. Vous devriez donc pouvoir en trouver facilement.

Les piments : pas de cuisine thaïlandaise sans piment ! On utilise de petits piments oiseaux rouges et verts pour réaliser les pâtes de curry et les préparations de base. Ce sont des piments au feu très fort. On utilise aussi des piments plus longs et moins forts pour assaisonner des soupes, des salades ou des plats. Enfin, on utilise aussi en guise de poivre, des flocons de piments séchés. Tout cela se garde très longtemps au réfrigérateur et encore plus longtemps au congélateur.

Les cacahuètes : comme le piment, on utilise plusieurs types de cacahuètes. Pour assaisonner ou décorer des plats, on utilise des cacahuètes entières natures grillées (c'est à dire croustillantes mais sans sel). Vous les trouverez dans les épiceries asiatiques. La purée de cacahuètes ou « peanut butter », s'utilise dans les plats en sauce, ou des types de pâtes et curry, comme la pâte ou sauce saté, ou encore le pâte de curry rouge ou la pâte de panaeng.

Le curcuma : c'est le même ingrédient que nous utilisons en poudre mais les Thaïlandais l'utilisent frais. Il se présente sous forme de rhizome comme le gingembre mais en plus fin. Cela n'a pas un goût très fort et on l'utilise plus pour colorer. Si vous n'en trouvez pas, utilisez de la poudre.

Le poivre vert : nous connaissons le poivre vert frais, c'est à dire juste cueilli. Il s'agit ici d'un poivre fort et âpre que je vous conseille d'ébouillanter une fois avant de l'utiliser pour réduire son feu.

Les nouilles et le riz : on distingue 2 types de nouilles. Les nouilles de riz, comme les vermicelles, et les nouilles à pad thaï et les nouilles de blé que vous pouvez utiliser dans les potages. En ce qui concerne le riz, on utilise du riz long classique, le plus souvent parfumé au jasmin, et du riz gluant qui est une variété particulière et qui demande un temps de trempage dans l'eau froide avant une cuisson à la vapeur.

Divers : la ciboulette, les oignons nouveaux, les pousses de soja, la menthe, la muscade, le cumin, le sésame, les étoiles de badiane... Le reste des ingrédients sont en tout point similaires à ce qu'offrent nos supermarchés.

Il existe d'autres produits frais et d'autres ingrédients mais qui seront difficiles d'accès et dont on peut se passer pour les recettes de ce livre.

À SAVOIR

Vous vous rendrez compte en lisant les recettes que les quantités ne sont pas très importantes. En effet, les Thaïlandais mélangent souvent sur une même table salade, soupe, curry, riz et pâtes. Chacun se sert alors de ce qu'il désire et partage son plat avec les autres.

TECHNIQUES

PÂTE SATÉ

POUR 6 PERSONNES

15 MIN DE PRÉPARATION
5 MIN DE CUISSON

FACILE
COÛT €

MATÉRIEL

Mixeur

4 échalotes rouges • 1 gousse d'ail • 1 cuil. à soupe de graines de cumin • 1 cuil. à soupe de graines de coriandre • 3 cuil. à soupe de cacahuètes nature • 1 petit piment rouge séché • 2 pincées de sel • ½ cuil. à café de poivre noir

1 Épluchez les échalotes et l'ail.

2 Dans une petite poêle à feu moyen, faites revenir 4 ou 5 min les graines de cumin et de coriandre, les cacahuètes et le piment. Il faut que les épices crépitent et qu'une odeur puissante s'en dégage.

3 Dans le bol du mixeur, versez les épices torréfiées, l'ail et les échalotes, le sel et le poivre. Réduisez le tout en purée. Il est probable que la pâte ait du mal à se faire. Ajoutez alors un peu d'eau, de jus de citron vert ou d'huile végétale (idéalement de l'huile de noix de coco) et laissez longuement tourner le robot afin d'obtenir une belle pâte fine et homogène. Gardez au frais.

SAUCE SATÉ

POUR 6 PERSONNES

15 MIN DE PRÉPARATION
10 MIN DE CUISSON

FACILE
COÛT €

MATÉRIEL

Mixeur plongeant

3 feuilles de combava • 2 cuil. à soupe d'huile végétale (huile de noix de coco) • 1 cuil. à soupe de pâte de curry jaune (voir p. 25) • 30 cl de lait de coco • 2 cuil. à soupe de sucre de palme ou de cassonade • 2 cuil. à soupe de sauce nuoc-mâm • 100 g de beurre de cacahuètes

1 Retirez la nervure centrale des feuilles de combava. Dans un wok ou une poêle un peu profonde, faites chauffer l'huile végétale à feu moyen 2 ou 3 min.

2 Ajoutez la pâte de curry dans la poêle ou le wok et laissez-la cuire 5 min en remuant souvent. Versez alors le lait de coco, le sucre de palme, les feuilles de combava, la sauce nuoc-mâm et le beurre de cacahuètes. Portez à ébullition et laissez cuire à feu moyen 5 min.

3 Homogénéisez la sauce à l'aide du mixeur plongeant avant de l'utiliser.

ÉCHALOTES FRITES

POUR 6 PERSONNES

5 MIN DE PRÉPARATION
10 MIN DE CUISSON

FACILE
COÛT €

MATÉRIEL

Écumoire

6 échalotes rouges • 10 cl d'huile végétale

1 Épluchez les échalotes, puis émincez-les en rondelles de 2 ou 3 mm d'épaisseur.

2 Dans une casserole, faites chauffer l'huile à feu moyen pendant 2 ou 3 min, puis versez-y les échalotes émincées. Mélangez bien et laissez cuire de 5 à 8 min en remuant souvent. Il faut que les échalotes dorent mais ne brunissent pas.

3 À l'aide de l'écumoire, retirez les échalotes de l'huile et disposez-les sur du papier absorbant. Laissez-les complètement refroidir avant de les conserver dans une boîte hermétique.

CONSEIL
À l'abri de l'air et de la lumière, les échalotes peuvent aisément se conserver 2 à 3 semaines. On les utilise dans la cuisine thaïe pour en parsemer les salades, les soupes et les currys, et apporter ainsi une petite touche de croustillant.

GALETTES DE RIZ FRITES

POUR 6 PERSONNES

20 MIN DE PRÉPARATION
4 H DE CUISSON

FACILE
COÛT €

MATÉRIEL

Papier sulfurisé

200 g de riz gluant froid (voir p. 121) • 10 cl d'huile végétale

1 Après vous être humidifié les mains à l'eau froide, façonnez de petites galettes de riz de 3 ou 4 cm de diamètre et d'une épaisseur de 2 ou 3 mm.

2 Disposez les galettes sur une feuille de papier sulfurisé puis enfournez-les durant 4 h à 75 °C (th. 2-3). Les galettes doivent sécher mais pas dorer.

3 Faites chauffer l'huile végétale 2 ou 3 min à feu moyen dans un wok ou une casserole et plongez-y une à une les galettes. Elles vont gonfler et dorer. Retournez-les et, lorsqu'elles sont uniformément dorées, disposez-les sur du papier absorbant et laissez refroidir.

CONSEIL
Ces galettes peuvent être utilisées en miettes pour parsemer des salades ou des plats, mais vous pouvez aussi les servir en guise d'accompagnement, comme on le ferait avec du pain.

PÂTE DE CURRY VERT

POUR 6 PERSONNES

15 MIN DE PRÉPARATION
5 MIN DE CUISSON

FACILE
COÛT €

MATÉRIEL

Presse-agrumes
Mixeur

1 petit piment oiseau vert • 3 cm de galanga • 2 gousses d'ail • 2 échalotes • 4 feuilles de combava • 1 tige de citronnelle • 1 combava • ½ cuil. à café de graines de cumin • ½ cuil. à café de graines de coriandre • ½ cuil. à café de poivre blanc • 2 pincées de noix muscade • 1 botte de coriandre (idéalement avec les racines) • 1 cuil. à café de pâte de crevettes • 2 pincées de sel

1 Retirez le pédoncule du piment. Épluchez le galanga, l'ail et les échalotes. Coupez en tronçons le galanga et la citronnelle. Retirez la nervure centrale des feuilles de combava. À l'aide d'un économe, prélevez le zeste du combava, puis coupez celui-ci en deux et pressez-le.

2 Dans une petite poêle à feu moyen, faites revenir 4 ou 5 min les graines de cumin et de coriandre et le poivre blanc. Il faut que les épices crépitent et qu'une odeur puissante s'en dégage. Ajoutez alors la noix de muscade.

3 Dans le bol du mixeur, versez les épices torréfiées, l'ail, le galanga, les échalotes, la citronnelle, la pâte de crevettes, le piment, la botte de coriandre, le sel, les feuilles, le zeste et le jus de combava. Réduisez le tout en purée. Il est probable que la pâte ait du mal à se faire. Ajoutez alors un peu d'eau, de jus de citron vert ou d'huile végétale (idéalement de l'huile de noix de coco) et laissez longuement tourner le robot afin d'obtenir une belle pâte fine et homogène. Gardez-la au frais.

PÂTE DE CURRY JAUNE

POUR 6 PERSONNES

15 MIN DE PRÉPARATION
5 MIN DE CUISSON

FACILE
COÛT €

MATÉRIEL

Presse-agrumes
Mixeur

2 morceaux de curcuma frais • 1 petit piment oiseau rouge • 3 cm de galanga • 3 gousses d'ail • 3 échalotes rouges • 1 tige de citronnelle • 1 combava • 1 cuil. à soupe de graines de cumin • 2 cuil. à soupe de graines de coriandre • 2 étoiles de badiane (anis étoilé) • 1 bâton de cannelle • 1 cuil. à café de grains de poivre noir • 1 cuil. à café de pâte de crevettes • 2 pincées de sel

1 Retirez le pédoncule du piment. Épluchez le galanga, le curcuma, l'ail et les échalotes. Coupez en tronçons le galanga, le curcuma et la citronnelle. À l'aide d'un économe, prélevez le zeste du combava, puis coupez celui-ci en deux et pressez-le.

2 Dans une petite poêle à feu moyen, faites revenir 4 ou 5 min les graines de cumin et de coriandre, les étoiles de badiane, le bâton de cannelle et le poivre noir. Il faut que les épices crépitent et qu'une odeur puissante s'en dégage.

3 Dans le bol du mixeur, versez les épices torréfiées, l'ail, le galanga, le curcuma, les échalotes, la citronnelle, la pâte de crevettes, le piment, le sel, le zeste et le jus de combava. Réduisez le tout en purée. Il est probable que la pâte ait du mal à se faire. Ajoutez alors un peu d'eau, de jus de citron vert ou d'huile végétale (idéalement de l'huile de noix de coco) et laissez longuement tourner le robot afin d'obtenir une belle pâte fine et homogène. Gardez-la au frais.

PÂTE DE CURRY ROUGE

POUR 6 PERSONNES

15 MIN DE PRÉPARATION
5 MIN DE CUISSON

FACILE
COÛT €

MATÉRIEL

Presse-agrumes
Mixeur

1 petit piment oiseau rouge • 3 cm de galanga • 1 morceau de curcuma frais • 2 gousses d'ail • 4 échalotes • 1 tige de citronnelle • 1 combava • ½ cuil. à café de graines de cumin • ½ cuil. à café de graines de coriandre • 4 ou 5 petits piments séchés • ½ cuil. à café de poivre noir • 2 pincées de noix de muscade • 1 cuil. à café de paprika • 4 racines de coriandre (facultatif) • 2 pincées de sel

1 Retirez le pédoncule du piment. Épluchez le galanga, le curcuma, l'ail et les échalotes. Coupez en tronçons le galanga et la citronnelle. À l'aide d'un économe, prélevez le zeste du combava, puis coupez celui-ci en deux et pressez-le.

2 Dans une petite poêle à feu moyen, faites revenir 4 ou 5 min les graines de cumin et de coriandre, les piments séchés et le poivre noir. Il faut que les épices crépitent et qu'une odeur puissante s'en dégage. Ajoutez alors la noix de muscade et le paprika.

3 Dans le bol du mixeur, versez les épices torréfiées, l'ail, le galanga, les échalotes, la citronnelle, le piment, les racines de coriandre, le sel, le zeste et le jus de combava. Réduisez le tout en purée. Il est probable que la pâte ait du mal à se faire. Ajoutez alors un peu d'eau, de jus de citron vert ou d'huile végétale (idéalement de l'huile de noix de coco) et laissez longuement tourner le robot afin d'obtenir une belle pâte fine et homogène. Gardez-la au frais.

PÂTE DE CURRY MASSAMAN

POUR 6 PERSONNES

15 MIN DE PRÉPARATION
5 MIN DE CUISSON

FACILE
COÛT €

MATÉRIEL

Mixeur

2 petits piments rouges • 3 gousses d'ail• 4 échalotes • 3 cm de galanga • 1 tige de citronnelle • 1 cuil. à café de graines de cumin • 1 cuil. à soupe de graines de coriandre • 5 gousses de cardamome rôties • 1 bâton de cannelle • 2 cuil. à soupe de cacahuètes nature • 5 clous de girofle • ¼ de noix de muscade • 4 racines de coriandre (facultatif) • 2 pincées de sel

1 Retirez le pédoncule des piments. Épluchez l'ail, les échalotes et le galanga. Détaillez en tronçons la citronnelle et le galanga.

2 Dans une petite poêle à feu moyen, faites revenir durant 4 ou 5 min les graines de cumin et de coriandre, la cardamome, la cannelle, les cacahuètes, les clous de girofle et la noix de muscade. Il faut que les épices crépitent et qu'une odeur puissante s'en dégage.

3 Dans le bol du mixeur, versez les épices torréfiées, l'ail, le galanga, les échalotes, la citronnelle, le piment, les racines de coriandre et le sel. Réduisez le tout en purée. Il est probable que la pâte ait du mal à se faire. Ajoutez alors un peu d'eau, de jus de citron vert ou d'huile végétale (idéalement de l'huile de noix de coco) et laissez longuement tourner le robot afin d'obtenir une belle pâte fine et homogène. Gardez-la au frais.

ENTRÉES, SOUPES & SALADES

TOFU SOYEUX AU GINGEMBRE,
MENTHE ET CONCOMBRE

POUR 6 PERSONNES

20 MIN DE PRÉPARATION

TRÈS FACILE
COÛT €

MATÉRIEL

Passoire
Presse-agrumes

2 cm de gingembre frais • 1 petit concombre • ½ botte de menthe • 1 botte de coriandre • 1 citron vert • 1 cuil. à café de sucre de palme ou de cassonade • 1 cuil. à soupe de sauce nuoc-mâm • 1 cuil. à soupe de sauce soja • 400 g de tofu soyeux (dans les épiceries asiatiques ou bio) • Sel

1 Pelez le gingembre et coupez-le en bâtonnets les plus fins possible. Épluchez le concombre, fendez-le en quatre dans le sens de la longueur afin de retirer les graines, puis détaillez-le en bâtonnets de 3 ou 4 cm de longueur. Placez-les dans la passoire et saupoudrez-les de sel. Laissez-les dégorger le temps de préparer le reste de la recette.

2 Effeuillez et hachez grossièrement la menthe et la coriandre. Pressez le citron et mélangez le jus avec le sucre, la sauce nuoc-mâm, le gingembre et la sauce soja.

3 Taillez le tofu soyeux en tranches épaisses et répartissez-les sur un plat de service. Parsemez de concombre et d'herbes, puis arrosez de sauce.

CONSEILS
Si vous le désirez, ajoutez dans la sauce 1 ou 2 pincées de piment de Cayenne ou d'Espelette en poudre. Le tofu soyeux est celui qui a, d'après moi, la texture la plus agréable. Si vous n'en trouvez pas, remplacez-le par du tofu classique.

SALADE DE PAPAYE VERTE
ET TOMATES CERISE

POUR 6 PERSONNES

30 MIN DE PRÉPARATION

FACILE
COÛT €

MATÉRIEL

Presse-agrumes
Mortier et pilon
ou petit mixeur

1 petite papaye verte • 2 carottes • 1 poignée de tomates cerise • 100 g de petites crevettes grises • 1 botte de coriandre
POUR LA PÂTE DE PIMENT : 2 gousses d'ail • 1 petit piment rouge • 1 citron vert • 3 cuil. à soupe de cacahuètes grillées nature • 1 cuil. à soupe de sucre de palme ou de cassonade • 3 cuil. à soupe de sauce nuoc-mâm • Sel, poivre

1 Préparez la pâte de piment. Pour cela, épluchez l'ail et retirez le pédoncule du piment. Pressez le citron. À l'aide du mortier et du pilon ou du mixeur, réduisez en purée les cacahuètes avec le sucre, le piment et l'ail, puis ajoutez le jus de citron, la sauce nuoc-mâm, du sel et du poivre. La sauce doit être piquante et puissante en goût.

2 Épluchez la papaye et coupez-la en quatre afin de retirer les graines et les membranes blanches. Râpez ensuite la chair. Pelez et râpez les carottes. Nettoyez les tomates cerise avant de les tailler en quatre. Décortiquez les crevettes grises en retirant la queue, la tête et les pattes. Effeuillez la coriandre.

3 Dans un plat creux, mélangez la papaye avec les carottes, la pâte de piment et la coriandre. Décorez avec les tomates cerise et les crevettes grises. Servez aussitôt.

À SAVOIR
En Thaïlande, on n'utilise pas de petites crevettes grises, mais plutôt des crevettes séchées ou de la pâte de crevettes, ce qui confère à la recette un goût plus fort, pas forcément très agréable. À vous d'essayer et de choisir votre version préférée.

TARTARE DE BŒUF THAÏ

POUR 6 PERSONNES

20 MIN DE PRÉPARATION

TRÈS FACILE
COÛT €€

MATÉRIEL

Presse-agrumes
Petit mixeur

2 citrons verts • 1 cuil. à soupe de sucre de palme ou de cassonade • ½ gousse d'ail • ½ piment rouge séché • 2 cuil. à soupe de sauce soja • 2 cuil. à soupe de sauce nuoc-mâm • 10 brins de menthe • 10 brins de coriandre • 10 brins de basilic thaï • ½ botte de ciboulette • 300 g de filet de bœuf dégraissé ou de cœur de rumsteak • Environ 12 galettes de riz frites (voir p. 23)

1 Coupez les citrons verts en deux et pressez-les. Versez le jus dans le bol du mixeur, puis ajoutez le sucre, l'ail pelé, le piment, la sauce soja et la sauce nuoc-mâm. Laissez tourner le mixeur 1 ou 2 min afin que le sucre se dissolve. Laissez reposer.

2 Effeuillez et coupez grossièrement la menthe, la coriandre et le basilic. Hachez finement la ciboulette. Taillez la viande d'abord en fines tranches, puis en bâtonnets, et finalement en petits dés.

3 Dans un saladier, mélangez longuement la viande avec les herbes et la sauce. Accompagnez de galettes de riz.

CONSEIL

Pour apporter une note croustillante à ce tartare, parsemez-le d'échalotes frites (voir p. 22) ou de cacahuètes nature grillées et légèrement concassées.

PETITS RAVIOLIS VAPEUR
À LA CREVETTE ET À LA CIBOULETTE

POUR 4 PERSONNES

30 MIN DE PRÉPARATION
10 MIN DE CUISSON

FACILE
COÛT €€

MATÉRIEL

Mixeur
Paniers vapeur en bambou
Papier sulfurisé

1 botte de coriandre • 1 botte de ciboulette • 400 g de crevettes crues décortiquées • 1 cuil. à soupe de pâte de curry vert (voir p. 24) • 1 cuil. à soupe de vin de Xérès sec • 1 cuil. à soupe de sauce nuoc-mâm • 1 cuil. à café d'huile de sésame • Environ 20 cercles de pâte à ravioli (dans les épiceries asiatiques ou les magasins de produits surgelés) • Sel

1 Effeuillez la coriandre et hachez finement la ciboulette. Incisez le dos des crevettes afin de retirer le boyau noir. Prenez-en un quart et coupez-les en tronçons de 0,5 cm.

2 Mettez le reste des crevettes dans le bol du mixeur avec la pâte de curry, la coriandre, le vin de Xérès, la sauce nuoc-mâm, 3 pincées de sel et l'huile de sésame. Mixez jusqu'à obtention d'une pâte homogène. Transvasez la pâte dans un saladier et ajoutez-y les tronçons de crevette et la ciboulette.

3 Placez un cercle de pâte à ravioli au creux de votre main. Déposez au centre une grosse cuillerée à café de farce et refermez votre main afin de replier la pâte sur la farce. Pincez les bords afin de bien sceller les deux côtés de la pâte. Répétez l'opération jusqu'à épuisement des ingrédients.

4 Disposez les raviolis dans les paniers en bambou garnis de papier sulfurisé et placez-les au-dessus de casseroles d'eau bouillante. Laissez-les cuire 10 min. À la fin de la cuisson, servez les raviolis accompagnés de sauce au piment doux.

CONSEIL

Si vous le pouvez, n'achetez pas de l'huile de sésame chinoise, qui n'est pas de grande qualité, mais essayez plutôt de trouver une huile dans une épicerie fine ; elle apportera un délicat parfum à votre farce.

VARIANTE

Vous pouvez remplacer la moitié des crevettes par des blancs de poulet ou de la viande de porc hachée. Si vous choisissez de mélanger de la viande avec les crevettes, ajoutez alors ½ botte de menthe hachée et quelques brins de basilic thaï.

NEMS DE PORC AU PIMENT

POUR 4 PERSONNES

40 MIN DE PRÉPARATION
10 MIN DE CUISSON

DIFFICILE
COÛT €

10 champignons noirs • 1 poignée de vermicelles de riz • 2 gousses d'ail • 2 échalotes • 1 carotte • 6 crevettes crues • 1 petit piment rouge • 1 botte de coriandre • ½ botte de menthe • ½ botte de ciboulette (ciboulette thaïe ou ciboule) • 1 poignée de pousses de soja • 200 g de viande de porc hachée • 1 cuil. à soupe de sauce nuoc-mâm • 30 petites feuilles de riz • Huile de friture • Sel, poivre

1 Faites tremper les champignons noirs dans un saladier d'eau tiède afin de les réhydrater. Faites de même avec les vermicelles. Égouttez et coupez le tout grossièrement. Épluchez puis râpez l'ail, les échalotes et la carotte. Décortiquez les crevettes et taillez la chair en petits morceaux. Retirez le pédoncule du piment, coupez-le en deux dans le sens de la longueur afin de l'épépiner puis hachez la chair. Effeuillez et hachez finement les herbes.

2 Dans un grand saladier, mélangez intimement la viande avec les herbes, les pousses de soja, l'ail, les échalotes, la carotte, les champignons, les vermicelles, les crevettes, la sauce nuoc-mâm, un peu de sel et de poivre.

3 Étalez un chiffon sur le plan de travail et préparez un saladier d'eau tiède. Plongez une feuille de riz quelques secondes dans l'eau afin qu'elle ramollisse, puis disposez-la sur le chiffon. Garnissez le bas de la feuille devant vous de farce (l'équivalent d'un boudin de la taille d'un doigt). Repliez les côtés droit et gauche de la feuille sur la farce, puis roulez celle-ci sur elle-même pour former un nem. Répétez l'opération jusqu'à épuisement des ingrédients.

4 Faites chauffer de l'huile de friture pendant 5 min à feu moyen dans un wok ou une casserole, puis plongez-y un à un les nems. Faites-les frire 5 ou 6 min afin qu'ils soient bien dorés, puis déposez-les sur du papier absorbant pour les égoutter. Accompagnez-les de feuilles de salade et de sauce au piment doux.

CONSEIL

Comme la farce est crue, il va s'en échapper de l'humidité durant la cuisson, ce qui fera crépiter la friture. Faites donc bien attention à ne pas vous brûler. Pour éviter cela, il suffit de faire revenir la farce dans une poêle chaude avec de l'huile durant 5 à 7 min. Mais je trouve que cela la dessèche et qu'elle perd de son moelleux.

BROCHETTES DE POULET
AU SATÉ

POUR 6 PERSONNES

20 MIN DE PRÉPARATION
10 MIN DE CUISSON

FACILE
COÛT €

MATÉRIEL

Passoire
Piques à brochette
Presse-agrumes

1 petit concombre • 2 blancs de poulet • 1 portion de sauce saté (voir p. 21) • 1 petit piment rouge • 1 échalote • 1 citron vert • 1 cuil. à café de sucre en poudre • 2 cuil. à soupe d'huile végétale (idéalement de l'huile de noix de coco) • Sel

1 Épluchez le concombre, coupez-le en quatre dans le sens de la longueur, puis détaillez chaque quart en tronçons de 0,5 cm. Mettez les morceaux de concombre dans la passoire et saupoudrez-les de sel fin. Laissez reposer le temps de préparer le reste de la recette.

2 Détaillez le poulet en lamelles de 10 cm de longueur sur une épaisseur de 1 cm. Piquez-les sur les piques à brochette et déposez-les dans un plat. Arrosez de la sauce saté.

3 Retirez le pédoncule du piment et émincez-le en rondelles de 2 ou 3 mm d'épaisseur. Épluchez l'échalote et taillez-la de la même façon que le piment. Coupez le citron et pressez-le. Dans un bol, mélangez le jus de citron avec le sucre, l'échalote, le piment et 5 cl d'eau, jusqu'à ce que le sucre soit dissous.

4 Faites chauffer l'huile dans une poêle ou sur un gril à feu moyen. Au bout de 3 ou 4 min, posez une à une les brochettes et laissez-les cuire 2 ou 3 min de chaque côté. Ajoutez le concombre à la sauce et servez-la en accompagnement des brochettes.

CONSEIL
Pour décorer un peu vos brochettes, vous pouvez les parsemer de coriandre hachée.

VARIANTE
Vous pouvez réaliser cette même recette en utilisant du porc. Dans ce cas, choisissez un morceau pris dans le filet.

BROCHETTES DE CREVETTES
AU LAIT DE COCO ET SATÉ

POUR 6 PERSONNES

20 MIN DE PRÉPARATION
30 MIN DE MARINADE
15 MIN DE CUISSON

FACILE
COÛT €€

MATÉRIEL

Presse-agrumes
12 piques à brochette en bois

1 citron vert • 10 cl de lait de coco • 3 cuil. à soupe de pâte saté (voir p. 20) • 1 cuil. à soupe de sauce nuoc-mâm • ½ botte de coriandre • 24 crevettes crues • 2 cuil. à soupe d'huile végétale (idéalement de l'huile de noix de coco) • Sel, poivre

1 Coupez le citron en deux et pressez-le. Dans une petite casserole, faites chauffer le lait de coco avec la pâte saté, la sauce nuoc-mâm et le jus du citron vert. Faites chauffer doucement afin d'homogénéiser la sauce. Laissez ensuite refroidir après avoir assaisonné.

2 Effeuillez et hachez grossièrement la coriandre. Nettoyez les crevettes sous l'eau froide et essayez de les décortiquer en laissant le dernier anneau de la queue et la tête. Incisez le dos afin de retirer le boyau noir.

3 Piquez les crevettes deux par deux sur les piques à brochette et disposez celles-ci dans un plat creux. Arrosez-les de la sauce et laissez mariner 30 min.

4 Faites chauffer l'huile dans une poêle ou sur un gril à feu moyen. Au bout de 3 ou 4 min, déposez-y une à une les brochettes rapidement égouttées et laissez-les cuire 2 ou 3 min de chaque côté.

5 Servez les brochettes bien chaudes. Parsemez-les de coriandre et accompagnez du reste de marinade.

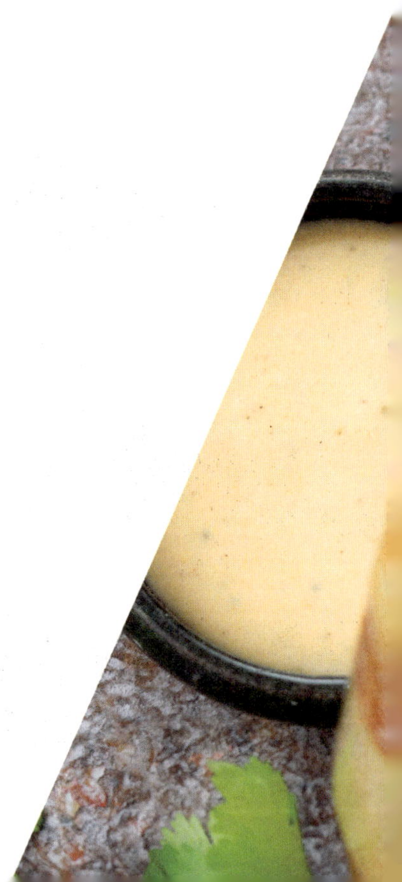

CONSEIL
Garder la tête et une partie de la carapace des crevettes leur donne beaucoup plus de goût que de les cuire complètement décortiquées.

FISH CAKES À LA CORIANDRE

POUR 6 PERSONNES

10 MIN DE PRÉPARATION
1 H DE RÉFRIGÉRATION
10 MIN DE CUISSON

FACILE
COÛT €€

MATÉRIEL

Mixeur
Papier sulfurisé

500 g de filets de cabillaud sans peau ni arêtes • 10 feuilles de combava • ½ botte de coriandre • 100 g de rondelles de calmar • 1 œuf • 2 cuil. à soupe de farine • 1 cuil. à café de levure chimique • 1 cuil. à soupe de sucre de palme ou de cassonade • 2 cuil. à soupe de pâte de curry vert (voir p. 24) • 2 cuil. à soupe de sauce nuoc-mâm • Huile de friture • Sel, poivre

1 Taillez les filets de poisson en gros morceaux. Retirez la nervure centrale des feuilles de combava et effeuillez la coriandre.

2 Dans le bol du mixeur, assemblez le poisson, les calmars, l'œuf, la farine, la levure chimique, les feuilles de combava, le sucre, la pâte de curry, la sauce nuoc-mâm, la coriandre, un peu de sel et de poivre. Mixez jusqu'à obtention d'une pâte, puis laissez-la reposer au réfrigérateur pendant 1 h.

3 Humidifiez-vous les mains et prélevez l'équivalent d'une grosse cuillerée à soupe de pâte. Roulez-la en boule entre vos mains et aplatissez-la légèrement. Répétez l'opération jusqu'à épuisement de la pâte et déposez au fur et à mesure les boules de pâte sur une feuille de papier sulfurisé.

4 Faites chauffer un fond d'huile dans une grande poêle, puis faites-y dorer les beignets 2 ou 3 min de chaque côté. Servez aussitôt avec de la sauce au piment doux ou de la sauce nuoc-mâm.

VARIANTES

Vous pouvez remplacer le poisson par des crevettes ou de la viande de porc hachée. Vous pouvez également ajouter dans la pâte 2 ou 3 cuil. à soupe de noix de coco râpée.

CALMARS FARCIS GRILLÉS

POUR 6 PERSONNES

30 MIN DE PRÉPARATION
15 MIN DE CUISSON

FACILE
COÛT €

MATÉRIEL

Cure-dents
Panier vapeur en bambou

10 champignons noirs chinois • ½ botte de menthe • 1 botte de coriandre • 1 gousse d'ail • 1 cm de gingembre frais • 1 carotte • 1 cuil. à soupe de cacahuètes grillées • 150 g de viande de porc hachée • 1 cuil. à soupe de sauce nuoc-mâm • 1 pincée de sucre de palme ou de cassonade • 6 blancs de calmar entiers • 3 cuil. à soupe d'huile végétale • Sel, poivre

1 Plongez les champignons dans un saladier d'eau chaude afin qu'ils se réhydratent, puis égouttez-les, retirez les pieds et émincez-les têtes. Effeuillez puis hachez grossièrement la menthe et la coriandre. Pelez l'ail et le gingembre, puis hachez-les finement. Épluchez et râpez la carotte. Concassez les cacahuètes.

2 Dans un saladier, mélangez la moitié de la coriandre avec la carotte, la menthe et les cacahuètes. Gardez au frais.

3 Dans un autre saladier, mélangez la viande avec l'ail, le gingembre, le reste de la coriandre, les champignons, la sauce nuoc-mâm, le sucre, du sel et du poivre. Garnissez l'intérieur des blancs de calmar de cette farce jusqu'aux deux tiers de leur capacité. Maintenez les calmars farcis fermés à l'aide de cure-dents.

4 Portez une casserole d'eau à ébullition et placez le panier vapeur par-dessus. Disposez-y les calmars farcis et laissez-les cuire à couvert pendant 10 min.

5 Retirez les calmars du panier en bambou. Faites chauffer l'huile dans une poêle à feu moyen pendant 2 ou 3 min, puis faites-y griller les calmars de tous les côtés. Disposez-les sur un plat de service et parsemez de salade d'herbes avant de servir.

CONSEILS

Le calmar se marie à merveille avec le porc, mais vous pouvez également réaliser une farce avec du poisson et des crevettes. Choisissez alors un poisson ferme : lieu jaune, colin, sole, daurade ou bar.

SALADE DE PORC CARAMÉLISÉ

POUR 6 PERSONNES

15 MIN DE PRÉPARATION
20 MIN DE CUISSON

FACILE
COÛT €

MATÉRIEL

Presse-agrumes
Panier vapeur en bambou

1 botte de coriandre • 1 botte de basilic thaï • 1 botte de menthe • 2 oignons nouveaux • 1 échalote • 1 piment rouge • Environ 12 tomates cerise • 1 poignée de mesclun • 3 cm de gingembre frais • 2 citrons verts • 2 cuil. à soupe de sauce nuoc-mâm • 300 g de poitrine de porc crue sans couenne et désossée • 4 cuil. à soupe d'huile végétale • 2 cuil. à soupe de sucre de palme ou de cassonade • Sel, poivre

1 Effeuillez la coriandre, le basilic et la menthe. Épluchez puis émincez finement les oignons nouveaux et l'échalote. Retirez le pédoncule du piment, coupez-le en deux dans le sens de la longueur avant de l'épépiner et de l'émincer. Taillez les tomates cerise en quatre. Dans un saladier, mélangez les herbes avec le piment, les oignons, l'échalote et les tomates.

2 Pelez et râpez finement le gingembre. Pressez les citrons verts et mélangez le jus avec la sauce nuoc-mâm et le gingembre.

3 Portez une casserole d'eau à ébullition et posez par-dessus le panier vapeur. Disposez-y la poitrine de porc préalablement taillée en tranches de 1 cm d'épaisseur. Laissez cuire 10 min ; la viande doit blanchir. Coupez-la ensuite en gros lardons.

4 Dans une poêle, faites chauffer l'huile à feu vif 1 ou 2 min ; il faut qu'elle soit fumante. Faites-y alors dorer la poitrine de porc. Lorsque les lardons sont bien dorés, saupoudrez-les de sucre. Laissez caraméliser 1 ou 2 min avant d'ôter du feu. Ajoutez la sauce au gingembre, du sel et du poivre. Portez à ébullition, puis répartissez les lardons et leur jus sur la salade. Servez aussitôt.

CONSEIL

Pour apporter un peu de plus de couleur à votre salade, vous pouvez également y ajouter une carotte râpée.

SALADE DE PORC GRILLÉ
AUX CREVETTES

POUR 6 PERSONNES

15 MIN DE PRÉPARATION
20 MIN DE CUISSON

FACILE
COÛT €

MATÉRIEL

Presse-agrumes
Panier vapeur en bambou

1 botte de coriandre • 1 botte de menthe • 1 poignée de mesclun • 2 oignons nouveaux • 1 échalote • 1 branche de céleri • 1 piment vert • 1 citron vert • 200 g de poitrine de porc sans couenne et désossée • Environ 12 crevettes crues entières • 4 cuil. à soupe d'huile végétale • 1 cuil. à soupe de sucre de palme ou de cassonade • 2 cuil. à soupe de sauce nuoc-mâm • Sel, poivre

1 Effeuillez la coriandre, la menthe et le mesclun. Épluchez les oignons nouveaux et l'échalote. Émincez finement la branche de céleri, les oignons et l'échalote. Retirez le pédoncule du piment, coupez-le en deux dans le sens de la longueur, épépinez-le et émincez-le. Pressez le citron vert. Dans un saladier, mélangez les herbes avec le piment, les oignons, l'échalote et le céleri.

2 Portez une casserole d'eau à ébullition et posez par-dessus le panier vapeur. Disposez-y la poitrine de porc préalablement coupée en tranches de 1 cm d'épaisseur. Laissez cuire 10 min. Ajoutez alors les crevettes et laissez cuire à nouveau 5 min. La viande doit blanchir et les crevettes se recroqueviller et devenir rouges. Coupez ensuite la viande en gros lardons et décortiquez les crevettes.

3 Dans une poêle, faites chauffer l'huile à vif pendant 1 ou 2 min ; il faut qu'elle soit fumante. Faites-y alors bien dorer les lardons, puis saupoudrez-les de sucre. Laissez caraméliser 1 ou 2 min avant d'ôter du feu. Ajoutez le jus de citron, la sauce nuoc-mâm, du sel et du poivre. Répartissez les lardons et leur jus sur la salade et ajoutez les crevettes. Servez aussitôt.

CONSEIL

La poitrine de porc est assez grasse mais tellement fondante ! Si vous désirez alléger votre salade, réalisez-la avec des fines tranches de filet ou de filet mignon de porc.

SALADE DE SAUMON GRILLÉ

POUR 6 PERSONNES

15 MIN DE PRÉPARATION
45 MIN DE CUISSON

FACILE
COÛT €

MATÉRIEL

Pilon et mortier
ou petit mixeur
Presse-agrumes

1 botte de menthe • 1 botte de coriandre • 2 petits concombres • 1 échalote • 2 oignons nouveaux • 3 gousses d'ail • 300 g de filets de saumon sans arêtes et sans peau • 4 cuil. à soupe d'huile végétale **POUR LA SAUCE :** 2 échalotes • 2 cuil. à soupe d'huile végétale • 2 piments rouges • ½ cuil. à café de sel • 3 cuil. à café de sucre en poudre • 2 citrons verts • Poivre

1 Préchauffez le four à 190 °C (th. 6-7).

2 Préparez la sauce. Épluchez les échalotes et mettez-les dans un plat allant au four avec du sel, du poivre et l'huile. Enfournez et laissez cuire 30 min. La pointe d'un couteau enfoncée à cœur des échalotes ne doit rencontrer aucune résistance. Sortez celles-ci du four et laissez-les refroidir. Retirez le pédoncule des piments, coupez-les en deux dans le sens de la longueur et épépinez-les. En vous aidant du pilon et du mortier ou du mixeur, réduisez en purée les piments avec les échalotes, le sel, le sucre et du poivre. Pressez les citrons et ajoutez le jus à la sauce.

3 Effeuillez les herbes. Épluchez les concombres et coupez-les en quatre dans le sens de la longueur afin de retirer les graines. Détaillez ensuite la chair en bâtonnets de 4 ou 5 cm de longueur. Pelez puis émincez finement l'échalote et les oignons nouveaux. Épluchez l'ail et coupez-le en fines lamelles.

4 Faites chauffer l'huile dans une poêle, puis faites-y dorer les pétales d'ail. Disposez-les ensuite sur du papier absorbant. Dans la même poêle, faites griller le saumon 2 ou 3 min de chaque côté de façon à garder le cœur rosé. Ôtez-le de la poêle, puis coupez-le en médaillons épais.

5 Dans un saladier, mélangez les trois quarts de la sauce avec les herbes, l'échalote, les oignons et les concombres. Ajoutez le saumon et le reste de sauce, puis décorez avec les pétales d'ail.

CONSEIL

Pour renforcer le côté marin de cette salade, ajoutez 1 cuil. à soupe d'œufs de saumon.

SALADE DE CALMARS GRILLÉS
ET POMELOS

POUR 6 PERSONNES

20 MIN DE PRÉPARATION
2 MIN DE CUISSON

FACILE
COÛT €

MATÉRIEL

Mixeur

200 g de blancs de calmar • 2 cuil. à soupe de sauce soja sucrée • 2 pomelos • 1 botte de coriandre • 1 botte de menthe • 1 échalote • 2 feuilles de combava • 1 concombre • 1 piment rouge • 2 cuil. à soupe d'échalotes frites (voir p. 22)

POUR LA SAUCE AU PIMENT : 2 gousses d'ail • 4 piments longs rouges • 2 petits piments oiseaux • 4 citrons verts (pour 20 cl de jus) • 2 racines de coriandre • 3 cuil. à soupe de sucre de palme ou de cassonade • 3 cuil. à soupe de sauce nuoc-mâm • 4 pincées de sel

1 Préparez la sauce au piment. Épluchez l'ail. Retirez le pédoncule de tous les piments. Coupez les plus longs en deux dans le sens de la longueur. Épépinez-les. Coupez les citrons en deux et pressez-les. Réunissez tous les ingrédients de la sauce dans le bol du mixeur et mixez jusqu'à l'obtention d'une sauce homogène. Gardez-la au frais.

2 Coupez les blancs de calmar en deux dans le sens de la longueur et incisez-les en croisillons sur toutes les faces. Arrosez-les de sauce soja sucrée et laissez reposer le temps de préparer le reste de la recette.

3 Retirez le bout rond des pomelos puis, à l'aide d'un couteau bien aiguisé, épluchez-les afin de retirer la peau et toute la membrane blanche. Vous devez obtenir des pomelos avec la chair séparée en quartiers par de petites membranes blanches. Incisez les agrumes le long de ces membranes jusqu'au cœur afin de séparer les quartiers. Mettez-les dans un saladier.

4 Effeuillez la coriandre et la menthe. Épluchez et émincez l'échalote. Retirez la nervure centrale des feuilles de combava et émincez celles-ci le plus finement possible. Épluchez le concombre et coupez-le en quatre dans le sens de la longueur afin de retirer les graines. Détaillez ensuite la chair en bâtonnets de 4 ou 5 cm de longueur. Retirez le pédoncule du piment, coupez-le en deux dans le sens de la longueur, puis épépinez-le et émincez-le. Mélangez ces ingrédients avec les quartiers de pomelos et 4 cuil. à soupe de sauce au piment.

5 Faites chauffer une poêle ou un gril à feu vif. Faites-y ensuite dorer rapidement les morceaux de calmar (comptez 1 ou 2 min de chaque côté). Ajoutez-les à la salade, parsemez d'échalotes frites et servez aussitôt.

CONSEIL

Les pomelos s'accommodent également très bien avec de la chair de crabe, des crevettes ou de la poitrine de porc grillée.

SALADE D'AVOCAT
AU CRABE

POUR 6 PERSONNES

20 MIN DE PRÉPARATION

TRÈS FACILE
COÛT €

MATÉRIEL

Presse-agrumes
Mixeur

1 botte de coriandre • 1 botte de menthe • ½ botte de ciboulette thaïe ou ciboule • 1 échalote • 1 avocat bien mûr • 100 g de chair de crabe égouttée • Quelques galettes de riz frites (voir p. 23) • 2 cuil. à soupe de lait de coco **POUR LA SAUCE :** 1 gousse d'ail • 2 citrons verts • 1 petit piment séché • 1 cuil. à soupe de sucre de palme ou de cassonade • 1 cuil. à soupe de sauce soja • 1 cuil. à soupe de sauce nuoc-mâm

1 Commencez par préparer la sauce. Épluchez la gousse d'ail et pressez les citrons. Assemblez tous les ingrédients dans le bol du mixeur et mixez jusqu'à obtention d'une sauce homogène.

2 Effeuillez la coriandre et la menthe. Émincez finement la ciboulette. Pelez l'échalote et émincez-la finement également. Coupez l'avocat en deux, retirez le noyau et détaillez la chair en petits cubes.

3 Dans un saladier, mélangez la sauce avec les herbes, l'avocat, le crabe et l'échalote. Décorez avec les galettes de riz et arrosez de lait de coco avant de servir.

VARIANTE

Vous pouvez remplacer l'avocat par de l'ananas, des pamplemousses, des cœurs de palmier ou des tomates cerise.

BOUILLON DE CITRONNELLE
AUX LÉGUMES ET CREVETTES GRISES

POUR 6 PERSONNES

20 MIN DE PRÉPARATION
25 MIN DE CUISSON

FACILE
COÛT €

2 cm de gingembre frais • 1 tige de citronnelle • 3 feuilles de combava • 2 cuil. à soupe de sauce nuoc-mâm • 1 gousse d'ail • 2 carottes • 2 échalotes • 1 navet • ½ botte de basilic thaï • 100 g de crevettes grises • 2 cuil. à soupe d'huile de noix de coco • Sel, poivre

1 Épluchez puis hachez grossièrement le gingembre et la citronnelle. Dans une casserole, assemblez les feuilles de combava, la citronnelle et le gingembre, puis couvrez largement d'eau. Ajoutez la sauce nuoc-mâm, un peu de sel et de poivre. Portez à ébullition et laissez cuire 10 min.

2 Pendant ce temps, épluchez l'ail, les carottes, les échalotes et le navet. Taillez tous ces légumes en petits dés. Ciselez finement les feuilles du basilic thaï.

3 Ôtez la citronnelle, le gingembre et les feuilles de combava de la casserole. Ajoutez à la place les légumes et faites cuire à petits bouillons pendant 10 min. Les légumes doivent être moelleux. Ajoutez alors les crevettes grises et versez l'huile de noix de coco. Vérifiez l'assaisonnement. Parsemez de basilic ciselé et servez aussitôt.

CONSEIL
Voici une recette typique où se marient à merveille les différents parfums de la Thaïlande. Si vous désirez épicer un peu cette soupe, faites simplement cuire un petit piment entier avec la citronnelle et le gingembre.

SOUPE DE POULET
AUX CREVETTES

POUR 6 PERSONNES

20 MIN DE PRÉPARATION
40 MIN DE CUISSON

FACILE
COÛT €€

MATÉRIEL

Presse-agrumes
Tamis

1 citron vert • 2 échalotes • 2 cm de galanga • 2 gousses d'ail • 1 tige de citronnelle • 1 piment vert • 200 g d'os de poulet ou, à défaut, 1 cube de bouillon de volaille • 3 feuilles de combava • 1 cuil. à soupe de sauce nuoc-mâm • 1 botte de coriandre avec les racines • 4 cuil. à soupe d'huile végétale (idéalement de l'huile de coco) • 2 blancs de poulet avec la peau • Environ 12 crevettes crues et décortiquées • Sel, poivre

1 Pressez le citron vert. Épluchez les échalotes, le galanga et l'ail. Hachez-les grossièrement, ainsi que la citronnelle et le piment. Mettez tous ces légumes dans une casserole avec les os de poulet, les feuilles de combava, la sauce nuoc-mâm, le jus de citron et les racines de la botte de coriandre. À défaut, utilisez les tiges.

2 Couvrez largement d'eau les légumes et portez à ébullition. Laissez cuire à petits bouillons pendant 30 min. Passez ensuite la soupe au travers du tamis et reversez-la dans une casserole. Ajoutez le jus de citron vert.

3 Faites chauffer l'huile dans une poêle à feu vif, puis faites-y dorer les blancs de poulet 2 ou 3 min de chaque côté. Ôtez-les de la poêle et émincez-les en lamelles épaisses.

4 Ajoutez les crevettes et le poulet à la soupe. Laissez cuire 2 ou 3 min, puis assaisonnez. Parsemez de feuilles de coriandre et servez aussitôt.

VARIANTE
Vous pouvez utiliser une autre volaille pour cette recette : de la pintade ou du canard. Si vous choisissez le canard, achetez dans ce cas 2 magrets de canard rôtis chez un traiteur chinois et ajoutez-les tranchés à la dernière minute, uniquement pour les réchauffer.

SOUPE DE NOUILLES
KHAO SOY

POUR 6 PERSONNES

15 MIN DE PRÉPARATION
45 MIN DE CUISSON

FACILE
COÛT €

MATÉRIEL

Tamis

200 g d'os de poulet ou, à défaut, 1 cube de bouillon de volaille • 1 cuil. à soupe de pâte de curry jaune (voir p. 25) • 1 cuil. à soupe de sauce nuoc-mâm • Le jus de ¼ de citron vert • 3 feuilles de combava • 150 g de nouilles de riz • ½ botte de basilic thaï • 1 poignée de tomates cerise • 150 g de blancs de poulet crus • 25 cl de lait de coco • 2 cuil. à soupe d'huile végétale • Sel, poivre

1 Dans une casserole, faites chauffer l'huile à feu moyen pendant 2 ou 3 min. Ajoutez les os de poulet et la pâte de curry, puis laissez cuire 4 ou 5 min en remuant souvent. Couvrez largement d'eau avant d'ajouter la sauce nuoc-mâm, le jus de citron et les feuilles de combava. Portez à ébullition et laissez cuire 30 min.

2 Pendant ce temps, faites cuire les nouilles selon les indications du fabricant et égouttez-les. Effeuillez et ciselez finement le basilic. Rincez les tomates cerise et coupez-les en quatre. Émincez le poulet en fines lamelles.

3 Passez la soupe au travers du tamis et reversez-la dans une casserole. Versez également le lait de coco. Portez à ébullition et laissez réduire à gros bouillons pendant 10 min. Ajoutez le poulet, les tomates et les nouilles, puis portez à nouveau à ébullition. Coupez le feu, assaisonnez et parsemez de basilic. Servez aussitôt.

CONSEILS

Cette recette est un classique de la cuisine thaïlandaise, que vous pouvez préparer avec toutes sortes de viande (filet de porc, de veau ou de bœuf). Vous pouvez également ajouter un peu de piment.

SOUPE AIGRE-DOUCE
DE ROUGET

POUR 6 PERSONNES

20 MIN DE PRÉPARATION
45 MIN DE CUISSON

FACILE
COÛT €€

MATÉRIEL

Presse-agrumes
Tamis

---

1 citron vert • 2 échalotes • 2 cm de galanga • 2 gousses d'ail • 1 tige de citronnelle • 1 piment rouge • 300 g d'os de poulet ou, à défaut, 2 cubes de bouillon de volaille • 3 feuilles de combava • 1 cuil. à soupe de sauce nuoc-mâm • 1 cuil. à soupe de sucre de palme ou de cassonade • 1 cuil. à soupe de sauce au piment (voir recette de la salade de calmars grillés p. 54) • 1 botte de coriandre avec les racines • 1 botte de ciboulette thaïe • 6 filets de rouget • Sel, poivre

---

1 Pressez le citron vert. Épluchez les échalotes, le galanga et l'ail. Hachez-les grossièrement, ainsi que la citronnelle et le piment. Assemblez tous ces légumes dans une casserole avec les os de poulet, les feuilles de combava, la sauce nuoc-mâm, le sucre, la sauce au piment et les racines de la botte de coriandre. À défaut, utilisez les tiges.

2 Couvrez largement d'eau les légumes et portez à ébullition. Laissez cuire à petits bouillons pendant 30 min. Passez ensuite la soupe au travers du tamis. Effeuillez la coriandre et hachez la ciboulette.

3 Reversez la soupe dans une casserole et ajoutez les filets de rouget. Portez à frémissement et comptez 1 ou 2 min de cuisson. Coupez le feu et vérifiez l'assaisonnement, puis ajoutez la ciboulette hachée, les feuilles de coriandre et le jus de citron. Servez aussitôt.

CONSEIL
Vous pouvez enrichir votre soupe de quelques crudités, que vous ajouterez en même temps que les herbes : carottes râpées, quartiers de tomate cerise et fines lamelles de champignon de Paris.

SOUPE DE BŒUF AU LAIT DE COCO

POUR 6 PERSONNES

15 MIN DE PRÉPARATION
1 H DE CUISSON

FACILE
COÛT €€

MATÉRIEL

Tamis

300 g d'os de bœuf concassées ou, à défaut, 2 cubes de bouillon de bœuf • 1 cuil. à soupe de pâte de curry rouge (voir p. 26) • 1 cuil. à soupe de sauce nuoc-mâm • Le jus de ¼ de citron vert • 3 feuilles de combava • 1 piment rouge • 100 g de nouilles de riz • ½ botte de basilic thaï • ½ botte de coriandre • 2 cuil. à soupe de cacahuètes nature grillées • 150 g de filet de bœuf ou de cœur de rumsteak • 25 cl de lait de coco • 2 cuil. à soupe d'échalotes frites (voir p. 22) • 2 cuil. à soupe d'huile végétale • Sel, poivre

1 Dans une casserole, faites chauffer l'huile à feu moyen pendant 2 ou 3 min. Ajoutez les os de bœuf et la pâte de curry. Laissez cuire 4 ou 5 min en remuant souvent. Couvrez largement d'eau avant d'ajouter la sauce nuoc-mâm, le jus de citron, les feuilles de combava et le piment. Portez à ébullition et laissez cuire 45 min.

2 Pendant ce temps, faites cuire les nouilles selon les indications du fabricant, puis égouttez-les. Effeuillez et hachez grossièrement le basilic et la coriandre. Concassez grossièrement les cacahuètes. Émincez le bœuf en fines tranches.

3 Passez la soupe au travers du tamis, puis reversez-la dans une casserole. Versez également le lait de coco. Portez à ébullition et laissez réduire pendant 10 min. Ajoutez les nouilles et portez à nouveau à ébullition. Coupez le feu et répartissez les nouilles dans des bols. Ajoutez la viande et versez la soupe par-dessus. Parsemez d'herbes, de cacahuètes et d'échalotes frites. Assaisonnez et servez.

CONSEIL
N'ajoutez la viande qu'à la dernière minute afin qu'elle reste complètement crue. Si vous n'aimez pas la viande crue, faites-la alors griller dans une poêle sans matière grasse pendant 2 ou 3 min de chaque côté. Laissez-la ensuite refroidir pendant 10 min, enveloppée de papier d'aluminium, afin qu'elle cuise à cœur.

SOUPE PIQUANTE À L'ŒUF

POUR 6 PERSONNES

15 MIN DE PRÉPARATION
45 MIN DE CUISSON

FACILE
COÛT €

MATÉRIEL

Tamis

200 g d'os de poulet ou, à défaut, 1 cube de bouillon de volaille • 1 cuil. à soupe de sauce au piment (voir recette de la salade de calmars grillés p. 54) • 1 cuil. à soupe de sauce nuoc-mâm • Le jus de ¼ de citron vert • 1 cuil. à café de sucre de palme ou de cassonade • ½ botte de coriandre • 1 tranche de potiron • 3 œufs frais • 1 cuil. à soupe de crème de coco • 2 cuil. à soupe d'huile végétale • Sel, poivre

1 Dans une casserole, faites chauffer l'huile à feu moyen pendant 2 ou 3 min. Ajoutez les os de poulet et la sauce au piment, puis laissez cuire 4 ou 5 min en remuant souvent. Couvrez largement d'eau avant d'ajouter la sauce nuoc-mâm, le jus de citron et le sucre. Portez à ébullition et laissez cuire 30 min.

2 Effeuillez la coriandre. Épluchez le potiron et épépinez-le. Coupez-le ensuite en tranches fines avant de les détailler en longs bâtonnets. Cassez les œufs dans un bol et battez-les avec la crème de coco, du sel et du poivre.

3 Passez la soupe au travers du tamis, puis reversez-la dans une casserole. Ajoutez les bâtonnets de potiron et laissez cuire à petits bouillons pendant 10 min. Il faut que le potiron soit moelleux et fondant. Versez alors les œufs sans cesser de mélanger et laissez cuire 1 ou 2 min. Coupez le feu, assaisonnez et parsemez de coriandre. Servez aussitôt.

VARIANTE
Remplacez le potiron par des nouilles de blé ou de riz.

CONSEIL
Vous pouvez ajouter des lardons grillés ou de petites crevettes grises.

CURRYS & PLATS

CURRY JAUNE AUX PALOURDES

POUR 6 PERSONNES

20 MIN DE PRÉPARATION
45 MIN DE CUISSON

FACILE
COÛT €€

MATÉRIEL

Tamis

400 g de palourdes • 300 g d'os de poulet • 2 cuil. à soupe de pâte de curry jaune (voir p. 25) • 1 cuil. à café de sauce au piment (voir recette de la salade de calmars grillée p. 54) • 1 cuil. à soupe de sauce nuoc-mâm • Le jus de ½ citron vert • 1 cuil. à café de sucre de palme ou de cassonade • 1 botte de coriandre • ½ ananas Victoria • 15 cl de crème de coco • 2 cuil. à soupe d'huile végétale • Sel, poivre

1 Faites tremper les palourdes dans un grand volume d'eau froide.

2 Faites chauffer l'huile à feu moyen pendant 2 ou 3 min dans une casserole. Ajoutez les os de poulet, la pâte de curry et la sauce au piment, puis laissez cuire 4 ou 5 min en remuant souvent. Couvrez largement d'eau, ajoutez la sauce nuoc-mâm, le jus de citron et le sucre. Portez à ébullition et laissez cuire ce bouillon 30 min.

3 Pendant ce temps, effeuillez la coriandre et épluchez l'ananas en retirant bien tous les « yeux » noirs. Taillez ensuite la chair de celui-ci en petits morceaux.

4 Passez le bouillon au travers du tamis et reversez-le dans une casserole. Ajoutez la crème de coco et l'ananas. Portez à nouveau à ébullition, puis laissez cuire de 5 à 7 min afin que la sauce épaississe et que l'ananas cuise. Ajoutez alors les palourdes et laissez à nouveau cuire de 5 à 7 min. Vérifiez l'assaisonnement, ajoutez la coriandre et servez aussitôt.

CONSEIL

Ce genre de curry est traditionnellement préparé avec des clams, mais je leur préfère les palourdes, au goût plus fin. Si vous avez le temps, laissez-les tremper plusieurs heures dans l'eau froide (en la changeant deux ou trois fois) afin qu'elles perdent tout leur sable.

CURRY DE THON GRILLÉ

POUR 6 PERSONNES

15 MIN DE PRÉPARATION
15 MIN DE CUISSON

FACILE
COÛT €€

300 g de thon frais albacore • 1 poignée de tomates cerise • 1 botte de basilic thaï • 4 ou 5 champignons de Paris • 3 cuil. à soupe de pâte de curry vert (voir p. 24) • 1 cuil. à soupe de sauce nuoc-mâm • 25 cl de lait de coco • 3 feuilles de combava • 1 cuil. à café de sucre de palme ou de cassonade • 3 cuil. à soupe d'huile végétale • Sel, poivre

1 Taillez le thon en gros cubes. Rincez les tomates cerise et coupez-les en quartiers. Effeuillez le basilic. Rincez puis émincez finement les champignons.

2 Dans un wok ou une grande poêle, faites chauffer l'huile à feu moyen pendant 3 ou 4 min. Mettez alors le thon et faites-le rapidement dorer 2 ou 3 min. Il faut qu'il reste cru à cœur.

3 Retirez le poisson du wok ou de la poêle et ajoutez à la place la pâte de curry. Laissez à nouveau cuire 3 ou 4 min en remuant souvent. Versez alors la sauce nuoc-mâm, le lait de coco, les feuilles de combava et le sucre. Portez à ébullition et laissez réduire à gros bouillons 3 ou 4 min.

4 Ajoutez le thon, enrobez-le de bien de sauce et terminez en incorporant les tomates cerise, les lamelles de champignon et le basilic. Servez aussitôt.

CURRY VERT DE CREVETTES
AU MAÏS

POUR 6 PERSONNES

20 MIN DE PRÉPARATION
15 MIN DE CUISSON

FACILE
COÛT €€

Environ 24 crevettes crues • ½ botte de basilic thaï • ½ botte de coriandre • Environ 12 épis de mini maïs (idéalement frais, sinon en conserve) • 2 cuil. à soupe de pâte de curry vert (voir p. 24) • Le jus de 1 citron vert • 2 cuil. à soupe de sauce nuoc-mâm • 1 cuil. à soupe de sucre de palme ou de cassonade • 25 cl de crème de coco • 2 cuil. à soupe d'huile végétale (idéalement de l'huile de coco) • Sel, poivre

1 Nettoyez les crevettes sous l'eau froide et essayez de les décortiquer en laissant le dernier anneau de la queue et la tête. Incisez le dos afin de retirer le boyau noir. Effeuillez le basilic et la coriandre. Rincez les épis de maïs et coupez-les en deux dans le sens de la longueur.

2 Dans un wok ou une poêle, faites chauffer l'huile végétale à feu moyen pendant 2 ou 3 min, puis ajoutez la pâte de curry et faites-la chauffer sans cesser de remuer durant 2 ou 3 min. Il doit s'en dégager une odeur puissante.

3 Versez alors le jus de citron, la sauce nuoc-mâm, le sucre et la crème de coco. Ajoutez également les épis de maïs. Portez à ébullition et laissez cuire 5 min au moins de sorte que la sauce réduise d'un bon tiers et qu'elle épaississe. Vérifiez l'assaisonnement et baissez le feu à frémissement.

4 Ajoutez les crevettes et prolongez la cuisson de 3 ou 4 min, mais sans porter à ébullition afin que les crevettes cuisent doucement. Coupez le feu, couvrez de basilic et de coriandre. Servez aussitôt.

CONSEIL
Pour cette recette, on emploie de la crème de coco afin d'obtenir une sauce très épaisse et « nappante ». Si vous n'en trouvez pas, utilisez simplement du lait de coco, mais prévoyez-en 40 cl et faites-le plus longuement réduire.

TRUITE DE MER AU CURRY ROUGE
EN PAPILLOTE DE BANANIER

POUR 6 PERSONNES

15 MIN DE PRÉPARATION
30 MIN DE CUISSON

FACILE
COÛT €€

MATÉRIEL

Presse-agrumes
Ficelle de cuisine
ou cure-dents

½ botte de menthe • 1 botte de coriandre • 2 oignons nouveaux • 1 citron vert • 3 cuil. à soupe de pâte de curry rouge (voir p. 26) • 2 cuil. à soupe de sauce nuoc-mâm • 4 cuil. à soupe de lait de coco • 1 cuil. à café de sucre de palme ou de cassonade • 1 feuille de bananier (dans les épiceries asiatiques) • 1 filet de truite de mer sans arêtes (environ 400 g) • 2 cuil. à soupe d'échalotes frites (voir p. 22) • Sel, poivre

1 Préchauffez le four à 190 °C (th. 6-7). Effeuillez la menthe et la coriandre, puis hachez-les grossièrement. Épluchez puis émincez finement les oignons nouveaux. Mélangez-les avec les herbes.

2 Pressez le citron vert et mélangez le jus dans un bol avec la pâte de curry, la sauce nuoc-mâm, le lait de coco et le sucre. Mélangez et vérifiez l'assaisonnement.

3 Disposez la moitié du mélange oignons-herbes au centre de la feuille de bananier et posez le poisson par-dessus. Étalez la pâte de curry assaisonnée sur le poisson et parsemez du reste du mélange oignons-herbes. Refermez la papillote en la maintenant fermée à l'aide de la ficelle de cuisine ou des cure-dents.

4 Enfournez la papillote pour 30 min de cuisson. Servez aussitôt à la sortie du four.

CONSEILS
La feuille de bananier peut être difficile à plier, signe qu'elle est sèche. Pour vous faciliter la vie, vous pouvez la faire tremper au préalable dans de l'eau chaude afin de l'assouplir. Si vous ne trouvez pas de feuille de bananier, utilisez simplement une feuille de papier sulfurisé doublée de papier d'aluminium.

CREVETTES MIJOTÉES
À LA CRÈME DE COCO ET TAMARIN

POUR 6 PERSONNES

15 MIN DE PRÉPARATION
45 MIN DE CUISSON

FACILE
COÛT €€

MATÉRIEL

Tamis

150 g d'os de poulet • Environ 12 grosses crevettes crues entières • 2 échalotes • 1 botte de coriandre • 1 piment rouge • 25 cl de crème de coco • 1 cuil. à soupe de sucre de palme ou de cassonade • 1 cuil. à soupe de purée de tamarin (dans les épiceries antillaises ou asiatiques) • 1 cuil. à soupe de sauce nuoc-mâm • Sel, poivre

1 Mettez les os de poulet dans une casserole et couvrez d'eau froide. Portez à ébullition et laissez cuire 30 min. Filtrez ensuite le bouillon au travers du tamis.

2 Nettoyez les crevettes sous l'eau froide et essayez de les décortiquer en laissant le dernier anneau de la queue et la tête. Incisez le dos afin de retirer le boyau noir.

3 Épluchez puis émincez finement les échalotes. Effeuillez la coriandre. Retirez le pédoncule du piment, coupez-le en deux dans le sens de la longueur afin de l'épépiner, puis émincez la chair.

4 Versez le bouillon filtré et la crème de coco dans une casserole, puis portez à ébullition. Ajoutez le sucre, la purée de tamarin et la sauce nuoc-mâm. Faites cuire à feu moyen pendant 10 à 12 min de sorte que la sauce réduise et épaississe. Vérifiez l'assaisonnement et baissez le feu à frémissement.

5 Ajoutez les crevettes et prolongez la cuisson de 3 ou 4 min, mais sans porter à ébullition afin que les crevettes cuisent doucement. Coupez le feu, parsemez de coriandre, de piment et d'échalotes, puis servez aussitôt.

VARIANTE

Vous pouvez bien sûr tester cette recette avec des poissons ou d'autres crustacés. Vous pouvez également enrichir le bouillon de poulet en y ajoutant un peu de gingembre, d'échalote, de carotte et de coriandre.

DAURADE RÔTIE

POUR 6 PERSONNES

20 MIN DE PRÉPARATION
30 MIN DE CUISSON

FACILE
COÛT €€

4 branches de citronnelle • 2 oignons nouveaux • 1 poignée de tomates cerise • 1 piment rouge frais • 1 botte de coriandre • ½ botte de basilic thaï • 1 botte de ciboulette thaïe • 2 citrons verts • 1 daurade grise vidée (1,2 à 1,4 kg) • 2 cuil. à soupe d'huile végétale • 2 cuil. à soupe de sauce nuoc-mâm • Sel, poivre

1 Préchauffez le four à 180 °C (th. 6).

2 Émincez la citronnelle en grosses rondelles. Épluchez puis émincez finement les oignons nouveaux. Rincez les tomates cerise et coupez-les en deux. Retirez le pédoncule du piment, coupez-le en deux dans le sens de la longueur afin de l'épépiner, puis émincez-le finement. Effeuillez la coriandre et le basilic, puis ciselez la ciboulette. Coupez les citrons verts en deux.

3 Dans un saladier mélangez les trois quarts de la citronnelle avec les oignons, les tomates, la ciboulette, le piment et la moitié de la coriandre. Salez et poivrez. Remplissez le poisson de cette farce.

4 Disposez la daurade dans un grand plat. Incisez la peau et parsemez du reste de la citronnelle. Salez, poivrez et arrosez d'huile et de sauce nuoc-mâm. Enfournez pour 30 min de cuisson. À la sortie du four, parsemez la daurade de la coriandre restante et de basilic. Servez-la aussitôt accompagnée des citrons verts.

VARIANTE
Vous pouvez réaliser cette recette avec tous les poissons blancs entiers, comme du mulet ou du lieu jaune. Pour enrichir cette recette, versez 4 cuil. à soupe de crème de coco sur le poisson avant de l'enfourner.

CURRY ROUGE DE CANARD RÔTI

POUR 6 PERSONNES

20 MIN DE PRÉPARATION
30 MIN DE CUISSON

FACILE
COÛT €

2 magrets de canard rôtis chinois ou ½ canard découpé (chez un traiteur chinois) • 1 botte de basilic • 1 botte de coriandre • 4 cuil. à soupe de pâte de curry rouge (voir p. 26) • 50 cl de lait de coco • 4 feuilles de combava • 1 cuil. à café de sucre de palme ou de cassonade • 2 cuil. à soupe de sauce nuoc-mâm • 4 cuil. à soupe d'huile végétale (idéalement d'huile de noix de coco) • Sel, poivre

1 Taillez le canard en médaillons. Effeuillez le basilic et la coriandre.

2 Dans un wok ou une grande poêle, faites chauffer l'huile, puis faites-y revenir la pâte de curry pendant 5 min. Ajoutez alors le lait de coco, les feuilles de combava, le sucre et la sauce nuoc-mâm. Portez à ébullition et laissez réduire d'un bon tiers afin d'obtenir une sauce concentrée et « nappante ».

3 Ajoutez la viande, laissez cuire 1 ou 2 min, puis servez aussitôt en parsemant de toutes les herbes fraîches.

CONSEILS
Une recette délicieuse et d'une grande simplicité, que vous pouvez réaliser avec toutes les viandes laquées ou rôties que l'on trouve chez les traiteurs chinois. Par ailleurs, lorsque vous achetez ces produits, ils sont souvent accompagnés d'une sauce que je trouve intéressante au goût, mais que je ne mélange surtout pas à la sauce au curry rouge de cette recette.

CURRY DE PORC À L'ANANAS

POUR 6 PERSONNES

20 MIN DE PRÉPARATION
30 MIN DE CUISSON

FACILE
COÛT €

1 cuil. à soupe de graines de fenouil • 300 g de filet ou de filet mignon de porc • ½ botte de basilic thaï • ½ petit ananas Victoria • 2 échalotes • 1 piment rouge • 3 cuil. à soupe de pâte de curry rouge (voir p. 26) • 1 cuil. à soupe de sauce nuoc-mâm • 1 cuil. à soupe de sucre de palme ou de cassonade • 25 cl de lait de coco • 3 cuil. à soupe d'huile végétale (idéalement de l'huile de coco) • Sel, poivre

1 Mélangez les graines de fenouil avec du sel et du poivre. Saupoudrez-en la viande.

2 Effeuillez le basilic. Épluchez l'ananas en retirant bien tous les « yeux » noirs. Éliminez le cœur dur et émincez la chair en fines tranches. Pelez puis émincez finement les échalotes. Donnez quelques coups de couteau dans le piment.

3 Dans une grande poêle ou un wok, faites chauffer l'huile avant d'y faire dorer la viande sur tous les côtés. Sortez-la de la poêle et gardez-la au chaud enveloppée de papier d'aluminium. Ajoutez alors la pâte de curry et les échalotes dans la poêle ou le wok, puis faites cuire 5 min en remuant souvent.

4 Ajoutez la sauce nuoc-mâm, le sucre, le lait de coco et le piment. Portez à ébullition et laissez cuire de 8 à 10 min afin que la sauce épaississe. Incorporez l'ananas et prolongez la cuisson de 5 min. Vérifiez l'assaisonnement et ajoutez la viande de porc préalablement taillée en médaillons. Laissez réchauffer 1 ou 2 min, puis parsemez de basilic et servez aussitôt.

CONSEIL
Pour apporter une touche de croustillant, parsemez le plat d'échalotes frites (voir p. 22) en même temps que de basilic.

VARIANTES
Vous pouvez remplacer l'ananas par de la mangue.
À tester également avec du poulet ou du canard.

CURRY MASSAMAN DE VEAU

POUR 4 PERSONNES

30 MIN DE PRÉPARATION
2 H DE CUISSON

FACILE
COÛT €

MATÉRIEL

Pilon et mortier
ou petit mixeur
Écumoire

3 cm de gingembre frais • ½ botte de coriandre • 400 g d'échine de veau • 1 bâton de cannelle • 1 l de lait de coco • 2 cuil. à soupe de sucre de palme ou de cassonade • 2 cuil. à soupe de cacahuètes grillées • 1 cuil. à soupe de purée de tamarin (en épicerie asiatique ou antillaise) • 2 cuil. à soupe de sauce nuoc-mâm • 100 g de pousses de bambou • 4 cuil. à soupe d'huile végétale • Sel, poivre

POUR LA PÂTE DE PIMENT : 3 piments rouges • 50 g de noix de coco en poudre • 1 cuil. à soupe de cacahuètes grillées • 2 feuilles de laurier • 2 clous de girofle • 3 gousses de cardamome

1 Préparez la pâte de piment. Retirez le pédoncule des piments et coupez-les en deux dans le sens de la longueur afin de les épépiner. Assemblez tous les ingrédients dans le mortier ou le mixeur et réduisez le tout en purée. Si la pâte à du mal à prendre, ajoutez un peu de lait de coco.

2 Épluchez le gingembre. Effeuillez la coriandre.

3 Mettez la viande, la cannelle, le gingembre, un peu de sel et de poivre dans une grande casserole. Couvrez de lait de coco et portez à ébullition. Retirez l'écume grise qui se forme à la surface et laissez cuire 1 h 30. La viande doit être tendre et moelleuse. Si ce n'est pas le cas, poursuivez un peu la cuisson. Égouttez la viande.

4 Dans une poêle ou un wok, faites chauffer l'huile, puis faites-y griller la pâte de piment 3 ou 4 min. Ajoutez la viande et enrobez-la bien de pâte. Ajoutez le bouillon de cuisson de la viande, le sucre, les cacahuètes, la purée de tamarin et la sauce nuoc-mâm. Faites à nouveau cuire 30 min.

5 Vérifiez l'assaisonnement. Incorporez les pousses de bambou et la coriandre. Servez aussitôt.

VARIANTE

Vous pouvez réaliser cette recette avec de l'agneau. Dans ce cas, ajoutez en fin de cuisson ½ ananas taillé en petits morceaux ou des raisins secs.

CURRY DE POULET
À LA PATATE DOUCE

POUR 6 PERSONNES

30 MIN DE PRÉPARATION
30 MIN DE CUISSON

FACILE
COÛT €

½ botte de coriandre • 2 cuil. à café de cacahuètes nature grillées • 1 patate douce • 2 petits oignons • 300 g de blancs de poulet, idéalement avec la peau • 3 cuil. à soupe de pâte de curry jaune (voir p. 25) • 1 cuil. à café d'épices garam masala (dans les épiceries indiennes) • 50 cl de lait de coco • 1 cuil. à soupe de sauce nuoc-mâm • 1 cuil. à soupe de sucre de palme ou de cassonade • 1 cuil. à soupe de purée de tamarin (dans les épiceries asiatiques ou antillaises) • 4 cuil. à soupe d'huile végétale • Sel, poivre

1 Effeuillez la coriandre. Concassez grossièrement les cacahuètes. Pelez la patate douce et coupez-la en cubes de 1,5 cm de côté. Épluchez et émincez les oignons.

2 Faites chauffer l'huile dans une grande poêle ou un wok, puis faites-y dorer les blancs de poulet des deux côtés. Retirez-les de la poêle et détaillez-les en médaillons.

3 Ajoutez alors la pâte de curry, les oignons et les épices garam masala. Laissez cuire 5 min à feu doux. Versez le lait de coco, la sauce nuoc-mâm, le sucre et la purée de tamarin. Portez à ébullition et laissez cuire 10 min.

4 Ajoutez les cubes de patate douce et prolongez la cuisson de 10 min. Celle-ci doit être fondante. Ajoutez enfin le poulet, laissez chauffer 1 ou 2 min, puis coupez le feu. Parsemez de coriandre et de cacahuètes avant de servir.

VARIANTES
Vous pouvez réaliser cette recette avec d'autres viandes blanches (veau ou porc) ou même certains poissons (saumon, mérou, thon ou espadon).

CURRY DE PORC AUX LÉGUMES

POUR 6 PERSONNES

30 MIN DE PRÉPARATION
1 H 40 DE CUISSON

FACILE
COÛT €

½ botte de menthe • ½ botte de coriandre • 400 g d'échine de porc • 150 g de haricots verts serpents (très longs haricots) • 150 g d'aubergines thaïlandaises (de la taille d'une balle de ping-pong) • 4 cuil. à soupe de pâte de curry vert (voir p. 24) • 50 cl de lait de coco • 6 feuilles de combava • 4 cuil. à soupe de sauce nuoc-mâm • 2 cuil. à soupe de sucre de palme ou de cassonade • 150 g de pousses de bambou • 4 cuil. à soupe d'huile végétale (idéalement de l'huile de noix de coco)

1 Effeuillez la menthe et la coriandre. Découpez le porc en morceaux de la taille d'une bouchée. Taillez les haricots en tronçons de 5 cm de longueur et les aubergines en deux.

2 Faites chauffer l'huile dans un wok ou une grande poêle, puis faites-y dorer les morceaux de porc. Retirez la viande et faites ensuite revenir la pâte de curry pendant 5 min.

3 Versez alors le lait de coco et 25 cl d'eau. Ajoutez les feuilles de combava et portez à ébullition. Remettez la viande et faites cuire environ 1 h 15. La viande doit être fondante et la sauce doit s'épaissir.

4 Versez alors la sauce nuoc-mâm et le sucre, puis ajoutez les légumes. Portez à nouveau à ébullition et laissez cuire 15 min. Les légumes doivent être tendres. Parsemez alors de coriandre et de menthe avant de servir.

VARIANTES
Cette recette peut-être adaptée avec du poulet, du veau ou du canard. Vous pouvez également utiliser des mini épis de maïs, des poivrons, des carottes, etc.

CURRY DE CANARD
AU BOUILLON

POUR 6 PERSONNES

30 MIN DE PRÉPARATION
1 H DE CUISSON

FACILE
COÛT €

MATÉRIEL

Tamis

200 g d'os de canard • 3 cm de gingembre frais • ½ botte de basilic thaï • 2 feuilles de combava • 1 piment vert • 300 g de magret de canard • 3 cuil. à soupe de pâte de curry vert (voir p. 24) • ½ cuil. à café de poivre vert • 2 cuil. à soupe de sauce nuoc-mâm

1 Mettez les os de canard dans une grande casserole et couvrez largement d'eau. Portez à ébullition et laissez cuire 30 min avant de filtrer le bouillon.

2 Pelez le gingembre. Effeuillez le basilic. Retirez la nervure centrale des feuilles de combava. Donnez quelques coups de couteau dans le piment. Incisez en croisillons le gras du magret de canard.

3 Dans un wok ou une grande poêle, faites revenir à feu moyen le magret de canard côté peau pendant 4 ou 5 min afin de faire fondre celle-ci. Retournez-le et poursuivez la cuisson 4 ou 5 min. Retirez la viande du wok et une partie de la graisse fondue.

4 Versez la pâte de curry dans le wok ou la poêle et faites-la revenir 4 ou 5 min. Ajoutez alors le bouillon, le piment, le gingembre, les feuilles de combava, le poivre vert et la sauce nuoc-mâm. Portez à ébullition et laissez cuire 10 min afin de concentrer les arômes.

5 Taillez le magret de canard en médaillons et remettez-le dans la poêle ou le wok. Coupez le feu, parsemez de basilic et servez aussitôt.

CONSEIL

Ce type de curry doit être fort. C'est d'ailleurs pour cela qu'on y ajoute ni sucre ni lait de coco, car ceux-ci auraient tendance à adoucir le goût du bouillon. Si néanmoins vous préférez un plat plus doux, ajoutez un peu de lait de coco et du sucre de palme ou de la cassonade.

CURRY DE POULET AU BASILIC
ET AUX CACAHUÈTES

POUR 6 PERSONNES

20 MIN DE PRÉPARATION
45 MIN DE CUISSON

FACILE
COÛT €

2 cuisses de poulet • 1 piment rouge • 3 feuilles de combava • ½ botte de basilic • 3 cuil. à soupe de pâte de curry rouge (voir p. 26) • 40 cl de lait de coco • 2 cuil. à café de beurre de cacahuètes • 2 cuil. à soupe de sauce nuoc-mâm • 1 cuil. à café de sucre de palme ou de cassonade • 2 cuil. à soupe d'échalotes frites (voir p. 22) • 3 cuil. à soupe d'huile végétale • Sel, poivre

1 Coupez les cuisses de poulet en deux. Donnez quelques coups de couteau dans le piment. Retirez la nervure centrale des feuilles de combava. Effeuillez le basilic.

2 Faites chauffer l'huile végétale dans un wok ou une casserole, puis faites-y dorer les morceaux de poulet de tous les côtés. Retirez la viande et ajoutez la pâte de curry. Laissez cuire 5 min en remuant souvent. Versez alors le lait de coco et ajoutez le piment, les feuilles de combava, le beurre de cacahuètes, la sauce nuoc-mâm et le sucre. Portez à ébullition, vérifiez l'assaisonnement et ajoutez le poulet. Il faut qu'il soit complètement recouvert. Si ce n'est pas le cas, ajoutez un peu d'eau.

3 Laissez cuire à petits bouillons pendant 30 min. Le poulet doit commencer à se déliter. Disposez-le alors dans un plat, parsemez-le de basilic et d'échalotes frites, puis servez aussitôt.

CONSEIL
Je trouve que cette recette s'adapte très bien à la pâte de curry rouge. Néanmoins, les cacahuètes et le poulet s'accordent également avec une pâte de curry jaune (voir p. 25) ou une pâte de curry vert (voir p. 24).

BŒUF SALÉ AUX ÉCHALOTES
ET À LA CORIANDRE

POUR 6 PERSONNES

30 MIN DE PRÉPARATION
4 H DE MARINADE
20 MIN DE CUISSON

FACILE
COÛT €€

300 g de filet de bœuf ou de cœur de rumsteak (un morceau sans nerf et sans gras) • 1 cuil. à café de sucre en poudre • 8 cuil. à soupe de sauce nuoc-mâm • 2 échalotes • 2 gousses d'ail • ¼ de botte de coriandre • 1 piment rouge • 4 cuil. à soupe de sucre de palme ou de cassonade • Huile de friture • Sel, poivre

1 Taillez la viande en lanières de 0,5 cm d'épaisseur sur 4 ou 5 cm de longueur. Disposez-les dans un plat et saupoudrez-les de sucre en poudre, d'une pincée de sel et de poivre. Arrosez avec les trois quarts de la sauce nuoc-mâm. Mélangez et laissez mariner au frais pendant 4 h.

2 Épluchez puis émincez finement les échalotes et l'ail. Effeuillez la coriandre. Retirez le pédoncule du piment et coupez-le en deux dans le sens de la longueur afin de l'épépiner, puis émincez finement la chair.

3 Dans une poêle ou un wok, faites chauffer un fond d'huile de friture 3 ou 4 min. Faites-y ensuite revenir l'ail et les échalotes à feu moyen en remuant de temps en temps. Lorsqu'ils ont bien doré, retirez-les de la poêle et posez-les sur du papier absorbant.

4 Égouttez et épongez la viande. Dans une poêle, faites fondre à feu moyen le sucre de palme ou la cassonade avec le reste de sauce nuoc-mâm. Lorsque le sucre a complètement fondu, ajoutez la viande et le piment, puis faites cuire 3 ou 4 min à feu doux afin que le bœuf dore et caramélise. Coupez le feu, ajoutez l'ail, les échalotes et la coriandre. Servez aussitôt.

À SAVOIR

Cette recette se prépare traditionnellement avec du bœuf séché. Celui-ci est d'abord trempé une nuit dans la sauce nuoc-mâm, puis séché au soleil afin d'être déshydraté. La viande se conserve ainsi plusieurs semaines. Avant d'être cuisinée, elle est ensuite simplement réhydratée en étant trempée dans l'eau. Le goût est évidemment différent de celui de la recette proposée ici, mais la texture est également plus dure.

VARIANTE

Vous pouvez adapter cette recette avec du porc ou de l'agneau. Toutefois, choisissez toujours une viande non grasse et sans nerf.

TRAVERS DE PORC GRILLÉS
À LA SAUCE DE POISSON DOUCE

POUR 6 PERSONNES

20 MIN DE PRÉPARATION
1 H 20 DE CUISSON

FACILE
COÛT €

MATÉRIEL

Tamis
Mixeur plongeant

400 g d'os de poulet • 1 botte de coriandre • 1 échalote • 1 piment rouge • 1 kg de travers de porc • 4 cuil. à soupe d'huile végétale • Sel, poivre
POUR LA SAUCE DE POISSON DOUCE : 2 cm de galanga • 2 feuilles de combava • ½ tige de citronnelle • 2 racines de coriandre • 200 g de sucre de palme ou de cassonade • 2 cuil. à soupe de purée de tamarin (en épicerie asiatique ou antillaise) • 10 cl de sauce nuoc-mâm

1 Mettez les os de poulet dans une casserole et couvrez largement d'eau. Portez à ébullition et faites cuire 30 min avant de filtrer le bouillon. Effeuillez la coriandre. Pelez et émincez finement l'échalote. Retirez le pédoncule du piment, épépinez-le et émincez-le finement.

2 Préparez la sauce de poisson douce. Épluchez le galanga et retirez la nervure centrale des feuilles de combava. Coupez la citronnelle, le galanga et les racines de coriandre en petits morceaux. Dans une casserole, faites fondre le sucre avec un fond d'eau. Lorsque vous obtenez un sirop, ajoutez le galanga, la citronnelle, les racines de coriandre et les feuilles de combava. Laissez cuire de 5 à 7 min à feu doux afin d'obtenir un sirop épais. Ajoutez le tamarin et la sauce nuoc-mâm. Mélangez bien, portez à nouveau à ébullition et coupez le feu. Mixez longuement la sauce de façon à obtenir une préparation homogène ayant la consistance du miel.

3 Mettez les travers de porc dans une casserole, couvrez du bouillon de poulet et faites cuire à petits bouillons pendant 30 min.

4 Retirez la viande du bouillon. Badigeonnez rapidement la viande de la sauce de poisson douce. Faites chauffer l'huile dans une poêle ou sur un gril et faites-y griller et caraméliser les travers de porc. Lorsqu'ils sont bien grillés, disposez-les dans un plat. Parsemez de piment, d'échalote et de coriandre. Servez aussitôt avec la sauce.

CONSEIL
La cuisson au bouillon permet de dégraisser doucement la viande et d'éviter aussi une cuisson longue avec le sucre, qui brûlerait et apporterait de l'amertume au plat.

VARIANTES
Vous pouvez réaliser cette recette avec des travers de bœuf (il vous faudra alors cuire la viande au bouillon durant 1 h 30 à 2 h), des côtes de porc ou d'agneau.

BŒUF À LA SALADE D'HERBES

POUR 6 PERSONNES

30 MIN DE PRÉPARATION
2 H DE CUISSON

FACILE
COÛT €

MATÉRIEL

Écumoire

3 cm de gingembre frais • 3 gousses d'ail • 1 oignon • 300 g de jarret de bœuf • 1 cuil. à soupe de sauce soja • 1 cuil. à soupe de sauce nuoc-mâm • 1 piment rouge • 5 cl de vin de Xérès • 1 cuil. à soupe de purée de tamarin (en épicerie asiatique ou antillaise) • Sel, poivre

POUR LA SALADE D'HERBES : Le jus de 1 citron vert • 2 pincées de piment en poudre • 1 cuil. à café de sucre en poudre • 1 cuil. à soupe de sauce nuoc-mâm • ½ botte de coriandre • ½ botte de cerfeuil • ½ botte de basilic thaï • 1 échalote • ½ piment vert • ½ piment rouge

1 Épluchez le gingembre, l'ail et l'oignon. Placez la viande dans une marmite avec la garniture aromatique, la sauce soja, la sauce nuoc-mâm, le piment, le vin de Xérès et le tamarin. Couvrez largement d'eau, salez, poivrez et portez à ébullition. Laissez cuire à petits bouillons pendant 1 h 30 à 2 h, en retirant l'écume qui se forme à la surface. La viande doit être tendre et moelleuse.

2 Préparez la salade d'herbes. Mélangez le jus de citron avec le piment en poudre, le sucre et la sauce nuoc-mâm. Effeuillez les herbes. Pelez puis émincez finement l'échalote. Retirez le pédoncule des piments, coupez-les en deux dans le sens de la longueur afin de les épépiner, puis émincez-les finement. Mélangez les herbes avec les piments, l'échalote et la sauce.

3 Disposez la viande dans un grand plat, arrosez de bouillon et parsemez de la salade d'herbes. Servez aussitôt.

CONSEIL

Utilisez le bouillon pour réaliser une soupe ou pour faire cuire de la viande, comme les travers de porc grillés à la sauce de poisson douce (voir p. 100).

VARIANTE

Pour la salade d'herbes, vous pouvez également utiliser du persil, de la menthe, de l'aneth ou de l'estragon.

BŒUF « CRYING TIGER »

POUR 6 PERSONNES

20 MIN DE PRÉPARATION
30 MIN DE MARINADE
10 MIN DE CUISSON

FACILE
COÛT €€

MATÉRIEL

Presse-agrumes
Mixeur

2 gousses d'ail • 2 piments rouges • 2 citrons verts • 1 cuil. à café de poivre vert (en conserve) • 1 tige de citronnelle • 2 cuil. à soupe de sauce soja • 2 cuil. à soupe de sauce nuoc-mâm • 1 cuil. à soupe de purée de tamarin (en épicerie asiatique ou antillaise) • 300 g de filet de bœuf, de bavette, de poire ou de hampe • ½ botte de coriandre • 1 échalote • 4 cuil. à soupe d'huile végétale • Sel, poivre

1 Pelez les gousses d'ail. Retirez le pédoncule des piments. Pressez les citrons verts. Dans le bol du mixeur, assemblez l'ail, le poivre vert, la citronnelle, les piments, la sauce soja et nuoc-mâm, le jus de citron et la purée de tamarin. Mixez jusqu'à obtention d'une sauce homogène.

2 Taillez la viande en tranches de 1 à 2 cm d'épaisseur, mettez-les dans un plat et arrosez-les de sauce. Laissez reposer 30 min. Effeuillez la coriandre. Pelez et émincez finement l'échalote.

3 Égouttez la viande. Dans une poêle, faites chauffer l'huile à feu vif, puis faites rapidement dorer la viande. Il faut qu'elle grille vite afin qu'elle soit entre saignante et bleue à cœur.

4 Retirez la viande de la poêle, coupez-la en médaillons et disposez-la sur un plat chaud. Arrosez d'un peu de sauce et parsemez de coriandre et d'échalote. Servez aussitôt.

VARIANTES

Il existe de nombreuses variantes à cette recette, autant qu'il y a de plages en Thaïlande pour être précis. Vous pouvez la réaliser avec du poisson gras (thon, saumon, espadon) ou une autre viande (agneau, porc ou veau).

BŒUF SAUTÉ AU BASILIC
ET POUSSES DE BAMBOU

POUR 6 PERSONNES

20 MIN DE PRÉPARATION
10 MIN DE CUISSON

FACILE
COÛT €

2 échalotes • 2 gousses d'ail • 1 piment rouge • 1 botte de basilic thaï • 400 g de bavette ou de hampe de bœuf • 3 cuil. à soupe de sauce soja • 1 cuil. à café de sauce d'huître • 1 cuil. à soupe de sucre de palme ou de cassonade • 200 g de pousses de bambou • 4 cuil. à soupe d'huile végétale (idéalement de l'huile de noix de coco) • Sel, poivre

1 Épluchez puis émincez finement les échalotes et l'ail. Émincez également le piment après avoir retiré le pédoncule. Effeuillez le basilic.

2 Dans une grande poêle, faites chauffer l'huile à feu moyen 3 ou 4 min. Mettez-y la viande avec l'ail, le piment et les échalotes. Laissez griller 1 ou 2 min de chaque côté, puis retirez la viande de la poêle. Couvrez la viande de papier d'aluminium et poursuivez la cuisson de la sauce.

3 Ajoutez dans la poêle la sauce soja, la sauce d'huître, le sucre et les pousses de bambou Mélangez et laissez cuire 1 ou 2 min. Détaillez la viande en médaillons. Remettez-la dans la poêle avec le basilic. Mélangez rapidement et servez aussitôt.

CONSEIL

Si vous avez le temps, réduisez l'ail, les échalotes et le piment en purée avec un peu de citron vert. Cette recette n'en sera que plus traditionnelle, bien que je préfère ma version, car elle me rappelle une lointaine recette de bavette aux échalotes...

BŒUF PANANG AUX AUBERGINES

POUR 6 PERSONNES

20 MIN DE PRÉPARATION
4 H DE CUISSON

FACILE
COÛT €€

600 g de joue de bœuf • 3 cuil. à soupe de pâte de curry rouge (voir p. 26) • 2 l de lait de coco • 2 cuil. à soupe de sauce nuoc-mâm • 1 cuil. à soupe de beurre de cacahuètes • 1 cuil. à café de sucre de palme ou de cassonade • 4 feuilles de combava • 200 g de petites aubergines thaïlandaises • ½ botte de coriandre • ½ botte de basilic • 2 cuil. à soupe d'échalotes frites (voir p. 22) • 3 cuil. à soupe d'huile végétale • Sel, poivre

1 Taillez la viande en gros cubes et mettez-les dans une grande casserole. Couvrez d'eau froide et portez à ébullition. Jetez l'eau et égouttez la viande.

2 Dans la casserole, faites chauffer l'huile 3 ou 4 min à feu moyen. Versez la pâte de curry et laissez cuire 4 ou 5 min. Lorsqu'une forte odeur s'en dégage, ajoutez alors le lait de coco, la sauce nuoc-mâm, le beurre de cacahuètes, le sucre, les feuilles de combava et la viande. Portez à ébullition et faites cuire à feu moyen pendant 3 h 30. La viande doit toujours être recouverte de liquide. Si ce n'est pas le cas, ajoutez un peu d'eau.

3 Retirez le pédoncule des aubergines avant d'ajouter celles-ci dans la casserole. Laissez à nouveau cuire 20 min. Vérifiez l'assaisonnement et la cuisson de la viande ; elle doit être filandreuse et moelleuse.

4 Disposez la viande dans un plat, couvrez de sauce et parsemez de feuilles de coriandre et de basilic, ainsi que d'échalotes frites.

CONSEILS

La joue de bœuf se prête à merveille à cette recette, tout comme la joue de porc. Le bœuf panang est à la Thaïlande ce que le pot-au-feu est à la France : un plat mijoté longuement très populaire. Vous pouvez d'ailleurs utiliser les morceaux de viande habituels du pot-au-feu : plat de côte, paleron, etc.

POULET SAUTÉ AU PIMENT,
BASILIC ET CACAHUÈTES GRILLÉES

POUR 6 PERSONNES

20 MIN DE PRÉPARATION
10 MIN DE CUISSON

FACILE
COÛT €

MATÉRIEL

Presse-agrumes

2 échalotes • 2 gousses d'ail • 1 piment rouge • 1 botte de basilic thaï • 1 citron vert • 1 cuil. à soupe de sauce soja • 1 cuil. à soupe de sauce nuoc-mâm • 1 cuil. à soupe de sucre de palme ou de cassonade • 2 cuil. à soupe de cacahuètes nature grillées • 2 filets de poulet, idéalement avec la peau • 4 cuil. à soupe d'huile végétale (idéalement de l'huile de coco) • Sel, poivre

1 Épluchez puis émincez finement les échalotes et l'ail. Émincez également le piment après avoir retiré le pédoncule. Effeuillez le basilic. Pressez le citron et mélangez le jus avec la sauce soja, la sauce nuoc-mâm et le sucre. Concassez grossièrement les cacahuètes.

2 Dans une grande poêle, faites chauffer l'huile à feu moyen 3 ou 4 min. Mettez-y la viande avec l'ail, le piment et les échalotes. Laissez griller la viande 2 ou 3 min de chaque côté, puis versez le jus de citron. Enrobez bien la viande de jus et laissez cuire 1 ou 2 min. Retirez la viande de la poêle et découpez-la en médaillons.

3 Remettez la viande dans la poêle, enrobez-la de sauce et coupez le feu. Mélangez le tout avec le basilic et disposez le poulet dans un plat. Parsemez de cacahuètes et servez aussitôt.

CONSEIL
Pendant que vous coupez la viande en médaillons, vous pouvez ajouter de la crème de coco (environ 15 cl) dans la poêle afin d'obtenir une sauce plus consistante et plus riche.

VARIANTE
Une recette à tester également avec du canard ou une autre volaille (pintade, caille ou coquelet).

PORC AUX CREVETTES
ET CRÈME DE COCO

POUR 6 PERSONNES

30 MIN DE PRÉPARATION
45 MIN DE CUISSON

FACILE
COÛT €

MATÉRIEL

Tamis
Wok

150 g d'os de poulet • ½ botte de coriandre • 2 échalotes • 1 piment rouge • 100 g de crevettes crues entières • 200 g de filet mignon de porc • 15 cl de crème de coco • 1 cuil. à café de purée de tamarin (dans les épiceries asiatiques ou antillaises) • 2 cuil. à soupe de sauce nuoc-mâm • 1 cuil. à soupe de sucre de palme ou de cassonade • 2 cuil. à soupe d'huile végétale • Sel, poivre

1 Mettez les os de poulet dans une grande casserole et couvrez largement d'eau. Portez à ébullition et laissez cuire 30 min avant de filtrer le bouillon.

2 Effeuillez la coriandre. Pelez et émincez finement les échalotes. Retirez le pédoncule du piment, coupez-le en deux dans le sens de la longueur afin de l'épépiner et émincez-le finement. Décortiquez les crevettes en essayant de conserver la tête et la queue. Incisez le dos afin de retirer le boyau noir.

3 Dans un grand wok, faites chauffer l'huile, puis faites-y dorer le filet mignon sur tous les côtés. Retirez la viande du wok et versez-y le bouillon, la crème de coco, la purée de tamarin, la sauce nuoc-mâm et le sucre. Vérifiez l'assaisonnement et laissez cuire de 5 à 7 min.

4 Coupez la viande en médaillons et ajoutez-les dans la sauce. Poursuivez la cuisson 2 ou 3 min. Ajoutez les crevettes et laissez encore cuire 1 min. Parsemez de piment, d'échalotes et de coriandre, puis servez aussitôt.

CONSEILS

Cette recette est traditionnellement préparée avec de la poitrine de porc salée, mais la cuisson est alors plus longue. Si vous souhaitez toutefois l'utiliser, faites-la tremper 24 h dans l'eau froide avant de la détailler en lardons. Faites-la ensuite cuire dans le bouillon et la crème de coco, mais comptez au moins 30 min de cuisson.

BŒUF GRILLÉ À LA CANNELLE

POUR 6 PERSONNES

20 MIN DE PRÉPARATION
20 MIN DE CUISSON

FACILE
COÛT €

3 cm de gingembre frais • 3 feuilles de combava • ¼ de botte de menthe • 300 g de cœur de rumsteak, de hampe ou de bavette de bœuf • 3 cuil. à soupe de pâte de curry rouge (voir p. 26) • 5 bâtons de cannelle • 40 cl de lait de coco • 2 cuil. à soupe de sauce nuoc-mâm • 3 cuil. à soupe d'huile végétale (idéalement de l'huile de coco) • Sel, poivre

1 Épluchez le gingembre et taillez-le en fins bâtonnets. Retirez la nervure centrale des feuilles de combava. Effeuillez la menthe et ciselez-la finement.

2 Dans un wok ou une grande poêle, faites chauffer l'huile 2 ou 3 min à feu moyen. Faites-y griller la viande 1 ou 2 min de chaque côté, puis ôtez-la du wok ou de la poêle et enveloppez-la de papier d'aluminium.

3 Ajoutez la pâte de curry et la cannelle dans le wok ou la poêle et faites cuire 5 min en remuant souvent. Ajoutez alors le lait de coco, les feuilles de combava, le gingembre et la sauce nuoc-mâm. Laissez cuire à feu moyen jusqu'à ce que la sauce épaississe. Vérifiez l'assaisonnement.

4 Découpez ensuite la viande en fines lamelles. Plongez-les dans la sauce chaude et ajoutez la menthe. Servez aussitôt.

CONSEIL
Vous pouvez renforcer cette sauce en y ajoutant un piment rouge à la troisième étape de la recette.

VARIANTES
Vous pouvez réaliser cette recette avec du poulet, du magret de canard, du filet de porc ou du veau.

BŒUF BRAISÉ

POUR 6 PERSONNES

30 MIN DE PRÉPARATION
3 H 30 DE CUISSON

FACILE
COÛT €

MATÉRIEL

Écumoire

8 gousses d'ail • 5 cm de gingembre frais • ¼ de botte de menthe • 500 g de paleron de bœuf ou de flanchet • 1 cuil. à café de poivre blanc • 5 cl de vin de Xérès • 5 cl de sauce soja sucrée • 2 cuil. à soupe de sauce d'huître • 2 bâtons de cannelle • 3 étoiles de badiane (anis étoilé) • 1 tige de citronnelle • 4 cuil. à soupe d'huile végétale • Sel, poivre

1 Épluchez l'ail et le gingembre. Effeuillez la menthe et ciselez-la finement.

2 Mettez la viande dans une grande casserole et couvrez d'eau froide. Ajoutez un peu de sel et portez à ébullition. Retirez l'écume grise qui se forme à la surface et ajoutez tous les ingrédients de la recette, mises à part l'huile et la menthe. Portez à nouveau à ébullition et laissez cuire 3 h au minimum. Vérifiez que l'eau recouvre toujours la viande.

3 Sortez la viande de l'eau, égouttez-la et taillez-la en grosses tranches. Dans une poêle ou un wok, faites chauffer l'huile, puis faites-y dorer la viande 3 ou 4 min de chaque côté.

4 Disposez la viande dans un plat, arrosez-la du bouillon et parsemez-la de menthe avant de servir.

CONSEILS

Ce bouillon aux épices et au vin est appelé « bouillon chinois » (ou *master stock* en anglais). Il s'agit d'un bouillon de bœuf ou de poulet réalisé avec des épices et du vin chinois, très proche (et moins bon) qu'un vin de Xérès. Vous pouvez l'enrichir avec des échalotes, des feuilles de combava ou de la citronnelle.
Gardez le bouillon et la garniture aromatique restants pour préparer une soupe ou un plat en sauce.

RIZ, PÂTES & ACCOMPAGNEMENTS

RIZ PILAF AU LAIT DE COCO ET COMBAVA

POUR 6 PERSONNES

20 MIN DE PRÉPARATION
2 H DE REPOS
25 MIN DE CUISSON

FACILE
COÛT €

200 g de riz long • 4 cuil. à soupe d'huile végétale (huile de noix de coco) • 25 g de beurre • 20 cl de lait de coco • 4 feuilles de combava • Sel, poivre

1 Versez le riz dans un grand saladier d'eau froide et laissez-le tremper 2 h avant de l'égoutter. Faites-le ensuite revenir de 5 à 7 min dans une casserole avec l'huile et le beurre. Les grains de riz doivent devenir brillants et translucides.

2 Versez alors le lait de coco, les feuilles de combava émincées et 10 cl d'eau. Portez à ébullition, couvrez et laissez cuire à feu doux 10 min. Le riz doit avoir absorbé tout le liquide et être fondant. Assaisonnez, mélangez et laissez à nouveau reposer 5 min à couvert.

CONSEIL

Pour donner encore plus de goût à votre riz, vous pouvez y ajouter des lamelles de gingembre et des rondelles de citronnelle avant la cuisson.

RIZ GLUANT

POUR 4 PERSONNES

5 MIN DE PRÉPARATION
2 H DE REPOS
30 MIN DE CUISSON

DIFFICILE
COÛT €

MATÉRIEL

Panier vapeur en bambou
Papier sulfurisé

200 g de riz gluant • 2 feuilles de combava

Versez le riz dans un grand saladier d'eau froide et laissez-le tremper 2 h avant de l'égoutter. Tapissez l'intérieur du panier vapeur de papier sulfurisé et garnissez-le du riz et des feuilles de combava. Posez le panier au-dessus d'une casserole d'eau bouillante et laissez cuire le riz 30 min.

CONSEIL

Le riz gluant est une variété spécifique de riz que l'on trouve très facilement dans les épiceries asiatiques ou antillaises.

PAD THAÏ

POUR 6 PERSONNES

30 MIN DE PRÉPARATION
15 MIN DE CUISSON

FACILE
COÛT €

MATÉRIEL

Presse-agrumes
Pilon et mortier

300 g de nouilles de riz • 2 œufs • 1 cuil. à soupe de cacahuètes nature grillées • Environ 12 crevettes crues • 2 oignons nouveaux • 1 botte de ciboulette thaïe • 1 botte de coriandre • 1 petit piment vert • 2 gousses d'ail • 2 citrons verts • 2 cuil. à soupe de sauce nuoc-mâm • 1 cuil. à café de pâte de tamarin (en épicerie asiatique ou antillaise) • 1 cuil. à soupe de sucre de palme ou de cassonade • 4 cuil. à soupe d'huile végétale (idéalement d'huile de noix de coco) • Sel, poivre

1 Faites cuire les nouilles al dente selon les indications du fabricant, puis égouttez-les. Cassez les œufs dans un bol et battez-les. Faites-les cuire en omelette avec un peu d'huile. Coupez ensuite l'omelette en petits morceaux. Concassez grossièrement les cacahuètes. Décortiquez les crevettes en essayant de garder le dernier anneau de la queue et la tête.

2 Épluchez et hachez les oignons nouveaux. Hachez la ciboulette et effeuillez la coriandre. Retirez le pédoncule du piment, ouvrez-le et épépinez-le. Pelez l'ail. Pressez les citrons. Dans le mortier, écrasez l'ail et le piment au pilon. Ajoutez le jus de citron, la sauce nuoc-mâm, la pâte de tamarin et le sucre.

3 Dans un wok ou une grande poêle, faites cuire les crevettes dans le reste d'huile chaude. Ajoutez ensuite les nouilles et les morceaux d'omelette. Mélangez bien. Versez ensuite la sauce et enrobez-en bien les nouilles afin qu'elles s'en imbibent. Assaisonnez.

4 Pour terminer, agrémentez le plat de ciboulette, d'oignons nouveaux, de coriandre et de cacahuètes. Servez aussitôt.

CONSEIL

Le pad thaï est à la cuisine thaïlandaise ce que le riz cantonnais est à la cuisine chinoise, un plat très populaire aux innombrables variantes, mais qui garde toujours cette base de pâte réalisée avec du tamarin, du jus de citron vert, de l'ail, du piment et du sucre. Vous pouvez ensuite ajouter tout ce que vous désirez : anneaux de calmar, mini épis de maïs, lardons, tomates cerise...

WOK DE LÉGUMES

POUR 6 PERSONNES

20 MIN DE PRÉPARATION
15 MIN DE CUISSON

FACILE
COÛT €

MATÉRIEL

Presse-agrumes
Wok

1 tête de brocoli • 1 poignée de haricots verts • 6 mini épis de maïs • ¼ de chou chinois • 1 botte de coriandre • 2 échalotes • 1 piment rouge • 1 citron vert • 1 cuil. à soupe de sauce soja • 1 cuil. à soupe de sauce nuoc-mâm • 4 cuil. à soupe d'huile végétale

1 Détaillez le brocoli en fleurettes. Équeutez les haricots. Rincez les épis de maïs et coupez-les en deux dans le sens de la longueur. Émincez finement le chou. Effeuillez la coriandre. Épluchez puis émincez finement les échalotes. Retirez le pédoncule du piment, coupez ce dernier en deux, épépinez-le et émincez-le finement également. Pressez le citron.

2 Dans un wok, faites chauffer l'huile 2 ou 3 min, puis faites-y revenir le brocoli, les haricots, le chou et le maïs pendant 10 min en remuant souvent. Les légumes doivent être croquants.

3 Versez alors le jus de citron, la sauce soja et la sauce nuoc-mâm. Enrobez bien les légumes et poursuivez la cuisson jusqu'à ce qu'il ne reste presque plus de liquide.

4 Disposez les légumes sur un plat et parsemez-les de coriandre, d'échalotes et de piment. Servez aussitôt.

CONSEIL

Pour décorer votre plat, vous pouvez utiliser de la menthe ou du basilic thaï et le parsemer de graines de sésame ou de noix de coco râpée et grillée.

VARIANTE

Vous pouvez réaliser la même recette avec de nombreux légumes : poivrons, courgettes, carottes, petits pois, patates douces, etc.

NOUILLES SAUTÉES
AUX CREVETTES ET COQUILLAGES

POUR 6 PERSONNES

30 MIN DE PRÉPARATION
15 MIN DE CUISSON

FACILE
COÛT €

MATÉRIEL

Presse-agrumes
Wok

300 g de nouilles de riz • Environ 12 crevettes crues • 1 botte de ciboulette thaïe ou ciboule • ½ botte de basilic thaï • 2 échalotes • 1 piment vert • 1 citron vert • 2 feuilles de combava • 50 cl de coquillages au choix (palourdes, moules, coques) • 4 cuil. à soupe d'huile végétale (idéalement d'huile de noix de coco)

1 Faites cuire les nouilles al dente selon les instructions du fabricant, puis égouttez-les.

2 Décortiquez les crevettes en essayant de garder le dernier anneau de la queue et la tête. Nettoyez et émincez finement la ciboulette. Effeuillez le basilic. Épluchez et émincez finement les échalotes. Retirez le pédoncule du piment, ouvrez-le dans la longueur pour l'épépiner et ciselez-le. Pressez le citron. Ôtez la nervure centrale des feuilles de combava.

3 Dans un wok, faites rapidement revenir les crevettes dans l'huile chaude afin de simplement les saisir. Retirez-les et ajoutez à la place les échalotes et le piment. Laissez cuire 1 ou 2 min, puis ajoutez le jus du citron, les feuilles de combava, la ciboulette et les coquillages. Couvrez et laissez cuire 5 min. Il faut que tous les coquillages soient ouverts.

4 Ajoutez les nouilles et les crevettes dans le wok. Mélangez bien, coupez le feu et parsemez de basilic avant de servir.

CONSEILS

Dans cette recette, la sauce est salée et forte, il est donc inutile d'y ajouter de la sauce nuoc-mâm, du sel et du poivre. Si vous craignez que la sauce soit trop forte, diluez-la avec un peu de crème de coco.

CURRY DE LÉGUMES
À LA NOIX DE COCO

POUR 6 PERSONNES

20 MIN DE PRÉPARATION
30 MIN DE CUISSON

FACILE
COÛT €

MATÉRIEL

Presse-agrumes

1 tête de brocoli • 150 g de haricots verts • Environ 6 mini épis de maïs • 6 champignons de Paris • 1 patate douce • 1 poignée de tomates cerise • ½ botte de coriandre • 1 citron vert • 2 cuil. à soupe de noix de coco râpée séchée • 2 cuil. à soupe de pâte de curry jaune (voir p. 25) • 2 cuil. à soupe d'huile végétale • 1 l de lait de coco • 1 cuil. à soupe de sauce nuoc-mâm • Sel, poivre

1 Détaillez le brocoli en fleurettes. Équeutez les haricots. Rincez les épis de maïs et coupez-les en deux dans le sens de la longueur. Nettoyez les champignons et taillez-les en quatre. Épluchez la patate douce et émincez-la en rondelles de 1 cm d'épaisseur. Nettoyez et coupez les tomates en quartiers. Effeuillez la coriandre. Pressez le citron.

2 Dans une poêle sans matière grasse, faites revenir la noix de coco râpée sans cesser de remuer, jusqu'à ce qu'elle brunisse légèrement. Retirez-la aussitôt de la poêle.

3 Dans une casserole, faites revenir la pâte de curry dans l'huile chaude pendant 2 ou 3 min. Versez alors le lait de coco, le jus de citron et la sauce nuoc-mâm. Portez à ébullition, vérifiez l'assaisonnement et ajoutez la patate douce. Laissez cuire 10 min. Ajoutez alors le brocoli, les haricots, le maïs et les champignons. Prolongez la cuisson de 15 min. Il faut que les légumes soient complètement recouverts de lait de coco et qu'ils soient moelleux au terme de la cuisson.

4 Disposez les légumes sur un plat. Arrosez de 1 ou 2 louche(s) de bouillon de cuisson. Assaisonnez puis ajoutez les tomates cerise, la coriandre et la noix de coco grillée avant de servir.

CONSEIL

Pour apporter un peu de croustillant à vos légumes, ajoutez des cacahuètes grillées concassées en même temps que la noix de coco.

VARIANTE

Remplacez les légumes de la recette par des petits pois, des courgettes, des aubergines thaïlandaises, etc.

ASPERGES SAUTÉES

POUR 6 PERSONNES

25 MIN DE PRÉPARATION
10 MIN DE CUISSON

FACILE
COÛT €€

MATÉRIEL

Presse-agrumes

2 bottes d'asperges vertes • ½ botte de basilic thaï • 1 échalote • 1 piment rouge • 3 œufs • 1 citron vert • 2 cuil. à soupe d'huile végétale • 1 cuil. à soupe de sauce nuoc-mâm • 2 pincées de graines de sésame blond

1 Faites cuire les œufs 10 min dans une casserole d'eau bouillante salée. Plongez-les dans l'eau froide et laissez refroidir.

2 Ôtez 1 ou 2 cm du pied des asperges, puis épluchez celles-ci jusqu'à la tête. Effeuillez le basilic. Épluchez puis émincez finement l'échalote. Retirez le pédoncule du piment, coupez-le en deux dans le sens de la longueur afin de l'épépiner, puis émincez-le. Décortiquez les crevettes. Pressez le citron.

3 Dans une poêle, faites revenir les asperges dans l'huile chaude afin de les dorer légèrement. Ajoutez alors le jus de citron, 2 cuil. à soupe d'eau et la sauce nuoc-mâm. Couvrez la poêle et laissez sur le feu de 5 à 7 min afin que les asperges finissent de cuire. Elles doivent être tendres et la pointe d'un couteau que vous enfoncez dans le pied de celles-ci ne doit rencontrer aucune résistance.

4 Écalez les œufs durs (retirez la coquille). Coupez-les en quatre. Disposez les asperges sur un plat et agrémentez-les de basilic, d'échalote, de piment, de 2 quartiers d'œuf dur et de graines de sésame.

VARIANTES

Vous pouvez remplacer les œufs par 50 g de crevettes grises ou par des dés de tofu.

TOFU À LA CRÈME DE COCO

POUR 6 PERSONNES

15 MIN DE PRÉPARATION
15 MIN DE CUISSON

FACILE
COÛT €

MATÉRIEL

Pilon et mortier

250 g de tofu nature • 1 gousse d'ail • 1 cm de gingembre frais • 1 piment vert • ½ botte de coriandre • ½ botte de ciboulette thaïe • 3 cuil. à soupe d'huile végétale (idéalement de l'huile de noix de coco) • 1 cuil. à soupe de sauce nuoc-mâm • 1 cuil. à café de sucre de palme ou de cassonade • 25 cl de crème de coco • Sel

1 Taillez le tofu en tranches épaisses. Épluchez l'ail et le gingembre. Retirez le pédoncule du piment et coupez-le en deux dans le sens de la longueur afin de l'épépiner. Dans le mortier, écrasez l'ail avec le piment, le gingembre et une pincée de sel au pilon. Effeuillez la coriandre et émincez la ciboulette.

2 Dans une poêle ou un wok, faites chauffer la pâte d'ail avec l'huile pendant 4 ou 5 min. Ajoutez la sauce nuoc-mâm et le sucre. Versez alors la crème de coco, portez à ébullition et mélangez bien.

3 Lorsque la sauce est bien épaisse, ajoutez le tofu et laissez cuire 2 ou 3 min afin de bien réchauffer celui-ci. Coupez le feu, ajoutez les herbes et servez aussitôt.

VARIANTE
Pour réaliser une recette plus légère, remplacez la crème de coco pour moitié par du bouillon de volaille et pour moitié par du lait de coco.

CONSEIL
Je vous déconseille d'utiliser du tofu soyeux pour cette recette, car en chauffant celui-ci va complètement se désagréger et se transformer en purée.

DESSERTS

PANCAKES À LA NOIX DE COCO

POUR 6 PERSONNES

30 MIN DE PRÉPARATION
20 MIN DE CUISSON

FACILE
COÛT €

MATÉRIEL

Tamis

1 œuf entier + 1 jaune • 25 cl de lait de coco • 25 g de beurre fondu + pour la cuisson • 125 g de farine • 1 pincée de sel • 1 sachet de sucre vanillé • ½ sachet de levure chimique

1 Préparez les pancakes. Pour cela, battez en omelette les œufs avec le lait de coco dans un saladier. Ajoutez ensuite le beurre fondu. Dans un autre saladier, mélangez la farine avec le sel, le sucre vanillé et la levure. Incorporez alors doucement le mélange à base d'œufs et de lait de coco, sans cesser de mélanger. Passez ensuite la pâte au travers du tamis.

2 Dans une poêle à blinis (ou poêle à crêpes) graissée et chaude, versez une petite louche de pâte.

3 Lorsque des bulles se forment à la surface du pancake, retournez-le et laissez-le à nouveau cuire 1 ou 2 min. Gardez les pancakes au chaud au fur et à mesure de leur réalisation, puis servez-les accompagnés de sorbet au fruit de la Passion (voir page ci-contre).

CONSEIL

Vous pouvez ajouter de petits morceaux de banane ou d'ananas dans la pâte à pancakes.

SORBET AU FRUIT DE LA PASSION

POUR 6 PERSONNES

30 MIN DE PRÉPARATION
6 H DE CONGÉLATION

FACILE
COÛT €

MATÉRIEL

Moulin à légumes muni d'une grille fine
Sorbetière

12 fruits de la Passion • 40 cl d'eau minérale • 250 g de sucre en poudre • Le jus de 1 citron vert

1 Pour préparer le sorbet, coupez les fruits de la Passion en deux et videz la pulpe dans le moulin à légumes. Versez le jus obtenu dans une casserole et ajoutez l'eau, le sucre et le jus de citron. Portez à ébullition et laissez cuire 3 ou 4 min.

2 Coupez le feu et versez le tout dans un saladier froid. Laissez ensuite refroidir pendant 3 h au congélateur.

3 Versez alors le mélange dans le bol de la sorbetière et lancez le cycle de turbinage. Conservez ensuite encore 3 h au congélateur.

CRÈME GLACÉE ET GALETTES
À LA NOIX DE COCO

POUR 6 PERSONNES

20 MIN DE PRÉPARATION
30 MIN DE CUISSON
8 H DE REPOS

FACILE
COÛT €

MATÉRIEL
Mixeur
Batteur électrique
Tamis
Thermomètre de cuisine (facultatif)
Sorbetière
Emporte-pièce rond de 5 ou 6 cm de diamètre (facultatif)
Papier sulfurisé

POUR LA CRÈME GLACÉE : 120 g de noix de coco râpée • 60 cl de crème liquide entière • 4 jaunes d'œufs • 140 g de sucre de canne blond
POUR LES GALETTES : 1 gousse de vanille • 100 g de sucre en poudre • 200 g de farine • 50 g de noix de coco en poudre • 2 pincées de fleur de sel • 2 jaunes d'œufs • 100 g de beurre mou

1 Préparez la crème glacée. Réunissez la noix de coco et la crème dans une casserole. Portez à ébullition, puis laissez infuser 30 min hors du feu. Versez le tout dans le mixeur et faites tourner 2 ou 3 min. À l'aide du batteur, fouettez les œufs et le sucre jusqu'à ce que le mélange blanchisse. Filtrez la crème et versez-la sur les œufs. Remettez le tout dans la casserole et faites cuire sans cesser de remuer jusqu'à ce que la crème nappe le dos d'une cuillère en bois. Un doigt passé sur celle-ci doit laisser une marque que la crème ne couvre pas. Si vous possédez un thermomètre, vous devez atteindre 83 ou 84 °C. Versez immédiatement la crème dans un saladier froid pour arrêter la cuisson. Laissez refroidir 4 h réfrigérateur, puis versez dans le bol de la sorbetière et lancez le cycle de turbinage. Conservez ensuite 4 h au congélateur.

2 Préparez les galettes. Préchauffez le four à 180 °C (th. 6). Fendez la gousse de vanille en deux dans le sens de la longueur et grattez l'intérieur pour en retirer les graines. Mélangez-les au sucre, puis mélangez ensuite le sucre à la farine. Ajoutez la noix de coco et le sel. Incorporez ensuite les jaunes d'œufs jusqu'à obtention d'une pâte sableuse. Liez enfin la pâte avec le beurre. Vous devez obtenir une boule.

3 Étalez la pâte sur une épaisseur de 5 mm. Détaillez-la en disques à l'aide de l'emporte-pièce ou d'un verre. Posez-les sur une plaque de cuisson tapissée de papier sulfurisé et enfournez pour 12 à 15 min de cuisson. Les galettes doivent être légèrement gonflées et dorées. Laissez-les refroidir avant de les déguster accompagnées de crème glacée à la noix de coco.

CONSEIL
De nombreuses recettes de glace à la noix de coco utilisent du lait de coco ou de la crème de coco mais, après avoir fait de nombreux tests, je trouve qu'il est bien meilleur d'employer de la crème fraîche infusée avec de la noix de coco râpée.

BANANES GRILLÉES
À LA CRÈME DE COCO ET CURCUMA

POUR 6 PERSONNES

20 MIN DE PRÉPARATION
20 MIN DE CUISSON

TRÈS FACILE
COÛT €

MATÉRIEL

Batteur électrique

2 cuil. à soupe de noix de coco râpée • 6 petites bananes bien mûres • 15 cl de crème liquide entière • 1 cuil. à soupe de sucre glace • 2 pincées de curcuma en poudre

1 Préchauffez le four à 190 °C (th. 6-7).

2 Dans une poêle sans matière grasse, faites revenir la noix de coco râpée sans cesser de remuer jusqu'à ce qu'elle brunisse légèrement. Retirez-la alors immédiatement de la poêle.

3 Enfournez les bananes avec leur peau directement sur une grille pendant 10 min. Retournez-les délicatement et prolongez la cuisson de 10 min.

4 Pendant ce temps, montez la crème en chantilly avec le sucre glace et le curcuma à l'aide du batteur électrique.

5 Sortez les bananes du four et disposez-les sur de petites assiettes. Incisez la peau afin de faire apparaître la chair et déposez au centre de chacune 1 cuil. à soupe de crème Chantilly épicée. Parsemez de noix de coco et servez aussitôt.

VARIANTES
Vous pouvez remplacer le curcuma par une pincée de safran ou de sucre vanillé.

RIZ AU LAIT DE COCO
ET À LA MANGUE, CARAMEL DE SUCRE DE PALME

POUR 6 PERSONNES

30 MIN DE PRÉPARATION
40 MIN DE CUISSON
4 H DE RÉFRIGÉRATION

DIFFICILE
COÛT €

1 gousse de vanille • 2 cuil. à soupe de cassonade • 50 g de riz rond à dessert ou à risotto • 50 cl de lait de coco • 1 mangue mûre • 100 g de sucre de palme

1 Fendez la gousse de vanille en deux dans le sens de la longueur et grattez l'intérieur pour en retirer les graines. Mélangez-les à la cassonade.

2 Versez le riz dans une casserole d'eau froide et portez à ébullition, puis égouttez-le et rincez-le sous l'eau froide.

3 Remettez le riz dans une casserole. Ajoutez le lait de coco et le sucre vanillé. Portez à ébullition, puis baissez le feu au minimum, couvrez et laissez cuire 30 min. Il faut que le riz absorbe doucement tout le lait de coco afin qu'il soit moelleux et surtout pas croquant sous la dent, signe qu'il n'est pas assez cuit. Mélangez et laissez refroidir à couvert. Versez alors le riz dans un plat creux et laissez-le refroidir au réfrigérateur.

4 Épluchez la mangue et retirez la chair se trouvant autour du noyau. Émincez-la en fines tranches et disposez-la sur le riz froid.

5 Concassez le sucre de palme et mettez-le dans une casserole avec un fond d'eau. Faites cuire à feu moyen pendant 5 à 7 min afin qu'il fonde et commence à caraméliser doucement. Juste avant de servir, arrosez les mangues du caramel tiède.

VARIANTES
Vous pouvez remplacer la mangue par de l'ananas, des bananes ou encore de la papaye.

RIZ GLUANT SUCRÉ

POUR 6 PERSONNES

10 MIN DE PRÉPARATION
6 H DE REPOS
30 MIN DE CUISSON

FACILE
COÛT €

MATÉRIEL

Panier vapeur en bambou
Papier sulfurisé

100 g de riz gluant • 1 gousse de vanille • 3 ou 4 cuil. à soupe de sucre en poudre • 15 cl de crème de coco

1 Versez le riz dans un grand saladier d'eau froide et laissez-le tremper 6 h avant de l'égoutter.

2 Tapissez l'intérieur du panier vapeur de papier sulfurisé et garnissez-le du riz. Posez le panier au-dessus d'une casserole d'eau bouillante et laissez cuire le riz 30 min. Lorsque celui-ci est cuit, ses grains doivent être moelleux.

3 Fendez la gousse de vanille en deux dans le sens de la longueur et grattez l'intérieur pour en retirer les graines. Mélangez-les au sucre.

4 Dans une casserole, faites doucement chauffer la crème de coco avec le sucre vanillé afin que celui-ci se dissolve. Variez la quantité de sucre en fonction de votre goût.

5 Versez le riz dans un plat et arrosez-le immédiatement de crème de coco. Mélangez afin de bien lier le riz et la crème. Couvrez et laissez tiédir 10 à 15 min avant de servir.

CONSEIL
Voici une recette très populaire et très simple, que vous pouvez enrichir de morceaux de fruits frais ou de sorbets aux fruits.

PERLES DU JAPON, FRUIT DE LA PASSION ET SORBET À LA MANGUE

POUR 6 PERSONNES

30 MIN DE PRÉPARATION
45 MIN DE CUISSON
8 H DE REPOS

FACILE
COÛT €

MATÉRIEL

Mixeur
Tamis
Moulin à légumes à grille fine
Sorbetière

2 feuilles de gélatine • 6 fruits de la Passion • 2 cuil. à soupe de sucre en poudre • 25 cl de lait frais entier • 25 cl de lait de coco • 2 cuil. à soupe de cassonade • 50 g de perles de tapioca (dans les épiceries asiatiques) **POUR LE SORBET :** 1 mangue d'environ 800 g (pour 500 g de purée) • Le jus de ½ citron vert • 15 cl d'eau • 150 g de sucre en poudre

1 Préparez le sorbet à la mangue. Épluchez et dénoyautez la mangue. Mixez la chair avec le jus de citron et passez la pulpe au travers du tamis. Dans une casserole, portez à ébullition l'eau et le sucre, puis ajoutez la purée de mangue. Laissez refroidir 4 h au réfrigérateur avant de passer en sorbetière. Conservez ensuite 4 h au congélateur.

2 Faites ramollir les feuilles de gélatine dans de l'eau froide. Coupez les fruits de la Passion en deux. Extrayez-en la pulpe et passez-la au moulin à légumes. Versez ensuite le jus dans une casserole. Ajoutez le sucre en poudre et portez à ébullition pendant 5 min. Coupez le feu et ajoutez la gélatine essorée. Mélangez bien et versez-en un fond dans de jolies tasses ou verrines. Laissez durcir au réfrigérateur.

3 Portez à ébullition le lait et le lait de coco dans une casserole avec la cassonade. Ajoutez les perles de tapioca. Laissez cuire à feu doux pendant 30 à 35 min en remuant souvent. Les billes doivent être alors translucides. Laissez tiédir le mélange et versez-le sur la gelée de fruit de la Passion. Posez sur chaque verrine une boule de sorbet à la mangue au dernier moment et servez aussitôt.

ANNEXES

MESURES ET ÉQUIVALENCES

MESURER LES INGRÉDIENTS

INGRÉDIENTS	1 CUIL. À CAFÉ	1 CUIL. À SOUPE	1 VERRE À MOUTARDE
Beurre	7 g	20 g	-
Cacao en poudre	5 g	10 g	90 g
Crème épaisse	1,5 cl	4 cl	20 cl
Crème liquide	0,7 cl	2 cl	20 cl
Farine	3 g	10 g	100 g
Liquides divers (eau, huile, vinaigre, alcools)	0,7 cl	2 cl	20 cl
Maïzena®	3 g	10 g	100 g
Poudre d'amandes	6 g	15 g	75 g
Raisins secs	8 g	30 g	110 g
Riz	7 g	20 g	150 g
Sel	5 g	15 g	-
Semoule, couscous	5 g	15 g	150 g
Sucre en poudre	5 g	15 g	150 g
Sucre glace	3 g	10 g	110 g

MESURER LES LIQUIDES

1 verre à liqueur	= 3 cl
1 tasse à café	= 8 à 10 cl
1 verre à moutarde	= 20 cl
1 mug	= 25 cl

POUR INFO

1 œuf	= 50 g
1 noisette de beurre	= 5 g
1 noix de beurre	= 15 à 20 g

RÉGLER SON FOUR

TEMPÉRATURE (°C)	THERMOSTAT
30	1
60	2
90	3
120	4
150	5
180	6
210	7
240	8
270	9

TABLE DES RECETTES

DANS LA MÊME COLLECTION

FAIT MAISON

Apéros
Apéros dînatoires
Barbecue et plancha
Barbecue et plancha veggie
Biscuits et petits gâteaux
Bocaux, compotes et confitures
Chocolat
Classiques d'hier et aujourd'hui
Cocktails, jus et liqueurs
Cocottes et mijotés
Confitures, gelées et marmelades
Enfants : mon premier livre de cuisine
Étudiants
Foie gras et terrines
Gâteaux
Glaces, sorbets et granités
Gratins et tians
Macarons & meringues
Pains & viennoiseries
Pasta
Pizzas, quiches et cakes
Plats uniques
Poissons & fruits de mer
Provence
Recettes anti-gaspi
Recettes pour bébés (0-3 ans)
Sans cuisson
Sauces, chutneys et marinades
Soupes et veloutés
Tartes

FAIT MAISON D'AILLEURS

Amérique du Sud
Asie
Cuisine créole
Enfants : mon premier livre de cuisine, recettes du monde
Espagne
Thaïlande
Grèce
Italie
Japon
Vietnam

FAIT MAISON FRANCE

Bretagne
Provence
Recettes ch'tis

FAIT MAISON BON & SAIN

Anticholestérol
Anti-oxydants
Graines, céréales et légumineuses
Plats uniques Veggie
Sans gluten
Sans lactose
Soupes Green & Detox

© 2019, Hachette Livre (Hachette Pratique).
58, rue Jean Bleuzen – 92178 Vanves Cedex

Tous droits de traduction, d'adaptation et de reproduction, totale ou partielle, pour quelque usage, par quelque moyen que ce soit, réservés pour tous pays.

Pour l'éditeur, le principe est d'utiliser des papiers composés de fibres naturelles, renouvelables, recyclables et fabriqués à partir de bois issus de forêts qui adoptent un système d'aménagement durable. En outre, l'éditeur attend de ses fournisseurs de papier qu'ils s'inscrivent dans une démarche de certification environnementale reconnue.

Direction : Catherine Saunier-Talec
Responsable éditoriale : Céline Le Lamer
Responsable de projet : Juliette Spiteri et Marie Naudet
Responsable artistique : Nicolas Beaujouan
Réalisation intérieure : Les Paoistes
Fabrication : Amélie Latsch
Responsable partenariats : Sophie Morier (smorier@hachette-livre.fr)

Dépôt légal : juin 2019
55-4880-6/01
ISBN : 978-2-01-708928-5
Imprimé en Italie par Rotolito

Retrouvez-nous
sur Facebook :
facebook.com/hachette cuisine

PAPIER À BASE DE FIBRES CERTIFIÉES

hachette PRATIQUE s'engage pour l'environnement en réduisant l'empreinte carbone de ses livres. Celle de cet exemplaire est de .
1,3 kg éq. CO_2
Rendez-vous sur
www.hachette-durable.fr